IL A BU SON VERRE CÔÔÔÔMMEU LES Ô ÔTREUUX !

PRUGNE

GOUPIL

Contes de POIVROT

éditions Vents d'Ouest

Editions Vents d'Ouest
31-33, rue Ernest Renan
92130 Issy les Moulineaux
Tél : 40 93 01 01
Fax : 40 93 05 58

Dépôt légal Février 1993
ISBN : 2 86967 215 4

Imprimé en France
par Ouest Impressions Oberthur
35000 Rennes

Vins Nicolas
POIVROT Comte
PREFONTAINE
Fabulateur.

BRRR, ÇA CAILLE!!
Y'A DU CAFÉ CHAUD.
TAP TAP TAP
T'AS BOSSÉ?
QUE DALLE! RIEN NE SORT! LE TROU NOIR.
VA POURTANT FALLOIR TROUVER!
J'TE SIGNALE QUE L'MARCHAND D'PICRATE NE VEUT PLUS NOUS FAIRE CRÉDIT!

CHIERIE ! C'EST NUL !
HISTOIRE DE JEAN VALJEAN, FORÇAT ÉVADÉ DU BAGNE QUI DEVIENT NOTABLE ET RECUEILLE UNE PETITE FILLE MALHEUREUSE NOMMÉE COSETTE :
Il était une fois un forçat du nom de Jean Valjean
FAIS VOIR ÇA !
MOUAIS ! T'AS RAISON, ÇA PISSE PAS HAUT !
À PROPOS...
ÇA VA PAS NON !!
FAUDRA FAIRE RÉPARER LES CHIOTTES !
AVEC QUEL FRIC ? ON PEUT DÉJÀ PAS PAYER LE LOYER !
FLAC
?!
ESPÈCE DE GROS DEG !

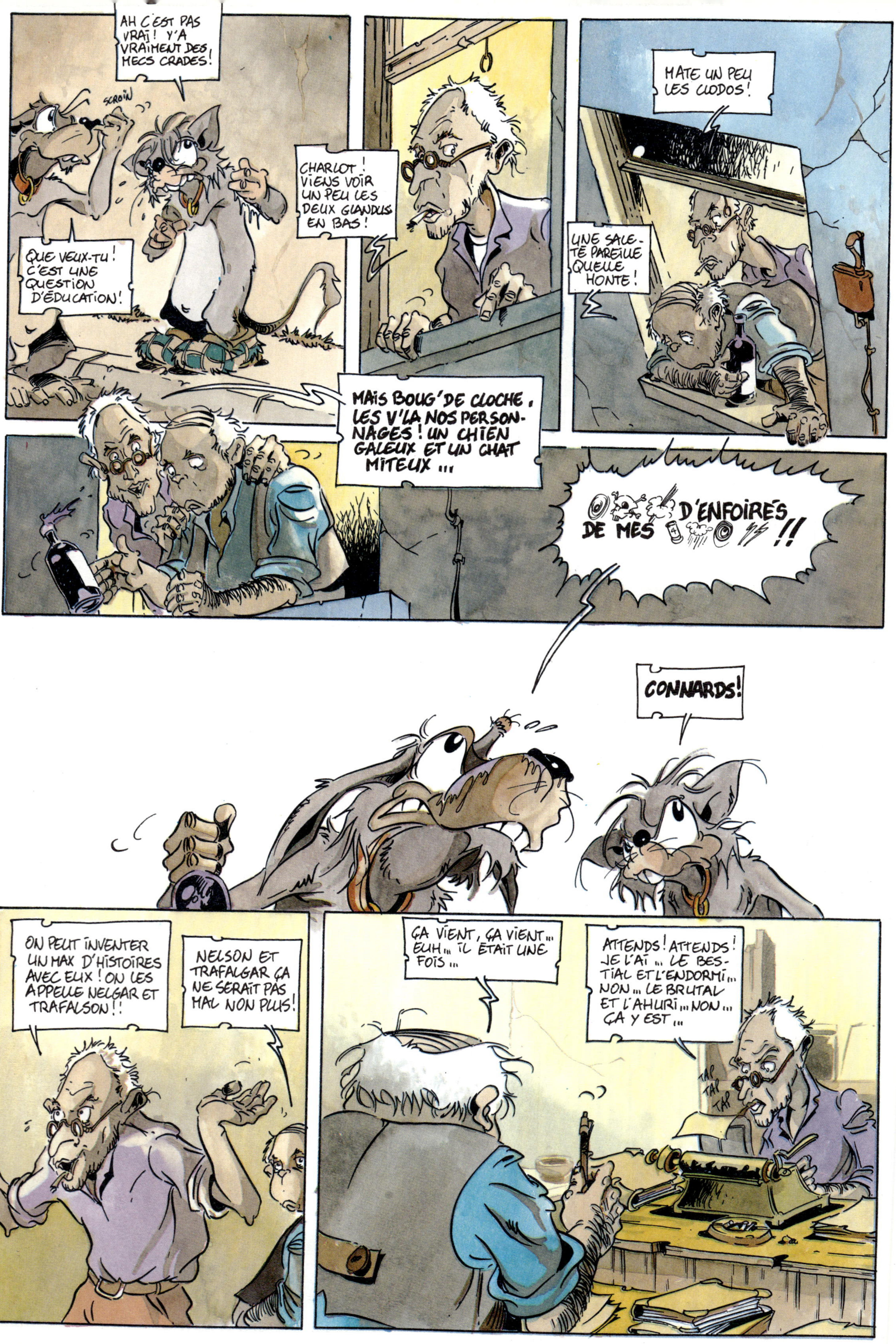
AH C'EST PAS VRAI! Y'A VRAIMENT DES MECS CRADES!
SCROÏN
QUE VEUX-TU! C'EST UNE QUESTION D'ÉDUCATION!
CHARLOT! VIENS VOIR UN PEU LES DEUX GLANDUS EN BAS!
MATE UN PEU LES CLODOS!
UNE SALETÉ PAREILLE QUELLE HONTE!
MAIS BOUG'DE CLOCHE, LES V'LA NOS PERSONNAGES! UN CHIEN GALEUX ET UN CHAT MITEUX...
D'ENFOIRÉS DE MES !!
CONNARDS!
ON PEUT INVENTER UN MAX D'HISTOIRES AVEC EUX! ON LES APPELLE NELGAR ET TRAFALSON!!
NELSON ET TRAFALGAR ÇA NE SERAIT PAS MAL NON PLUS!
ÇA VIENT, ÇA VIENT... EUH... IL ÉTAIT UNE FOIS...
ATTENDS! ATTENDS! JE L'AI... LE BESTIAL ET L'ENDORMI... NON... LE BRUTAL ET L'AHURI... NON... ÇA Y EST...
TAP TAP TAP

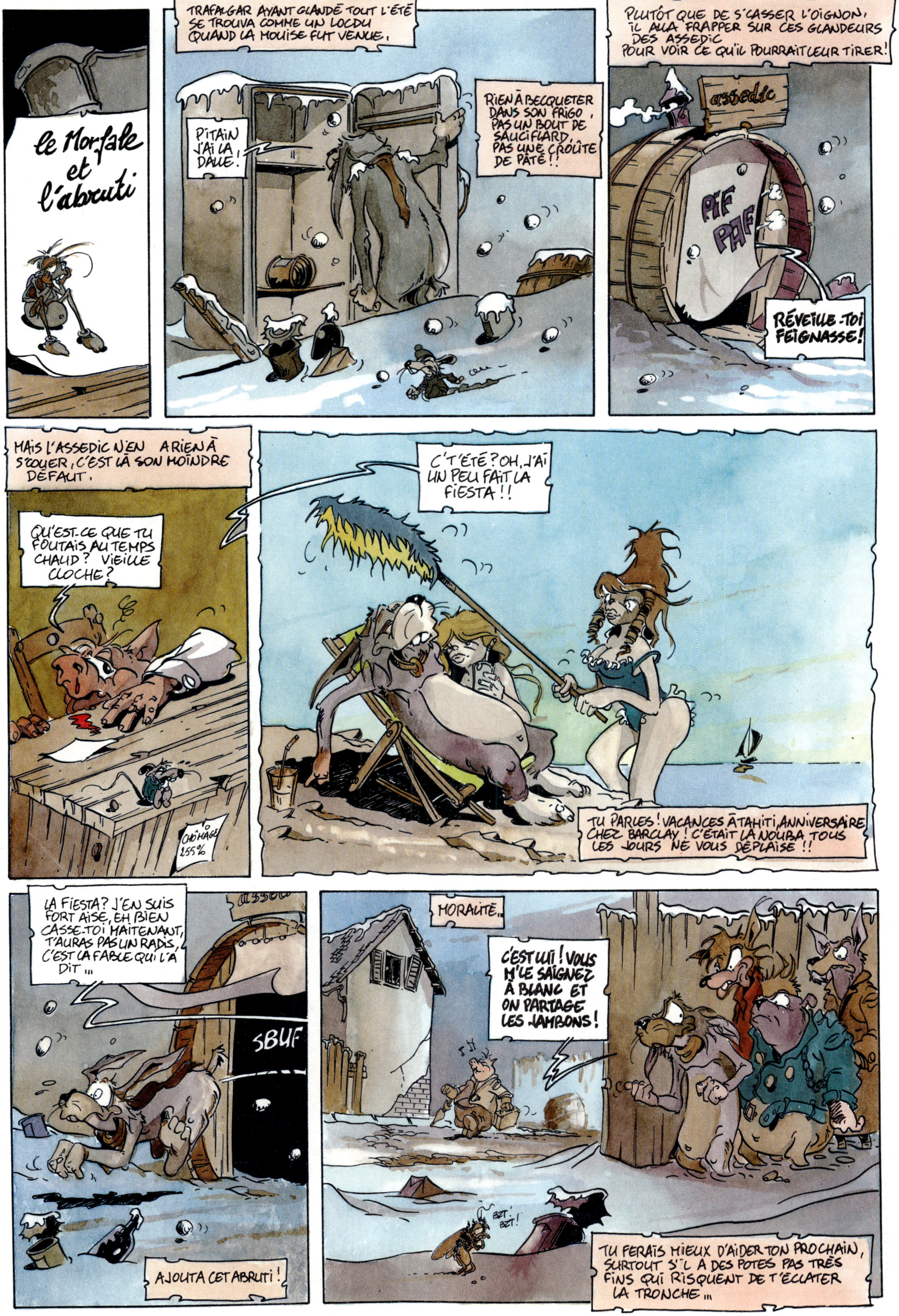
le Morfale et l'abruti
TRAFALGAR AYANT GLANDÉ TOUT L'ÉTÉ SE TROUVA COMME UN LOCDU QUAND LA MOUISE FUT VENUE.
PITAIN J'AI LA DALLE !
RIEN À BECQUETER DANS SON FRIGO, PAS UN BOUT DE SAUCIFLARD, PAS UNE CROÛTE DE PÂTÉ !!
PLUTÔT QUE DE S'CASSER L'OIGNON, IL ALLA FRAPPER SUR CES GLANDEURS DES ASSEDIC POUR VOIR CE QU'IL POURRAIT LEUR TIRER !
assedic
PIF PAF
RÉVEILLE-TOI FEIGNASSE !
MAIS L'ASSEDIC N'EN A RIEN À S'COUER, C'EST LÀ SON MOINDRE DÉFAUT.
QU'EST-CE QUE TU FOUTAIS AU TEMPS CHAUD ? VIEILLE CLOCHE ?
CHÔMAGE 255%
C'T'ÉTÉ ? OH, J'AI UN PEU FAIT LA FIESTA !!
TU PARLES ! VACANCES À TAHITI, ANNIVERSAIRE CHEZ BARCLAY ! C'ÉTAIT LA NOUBA TOUS LES JOURS NE VOUS DÉPLAISE !!
LA FIESTA ? J'EN SUIS FORT AISE, EH BIEN CASSE-TOI MAINTENANT, T'AURAS PAS UN RADIS, C'EST LA FABLE QUI L'A DIT ...
SBUF
AJOUTA CET ABRUTI !
MORALITÉ...
C'EST LUI ! VOUS M'LE SAIGNEZ À BLANC ET ON PARTAGE LES JAMBONS !
BZT ! BZT !
TU FERAIS MIEUX D'AIDER TON PROCHAIN, SURTOUT S'IL A DES POTES PAS TRÈS FINS QUI RISQUENT DE T'ÉCLATER LA TRONCHE ...

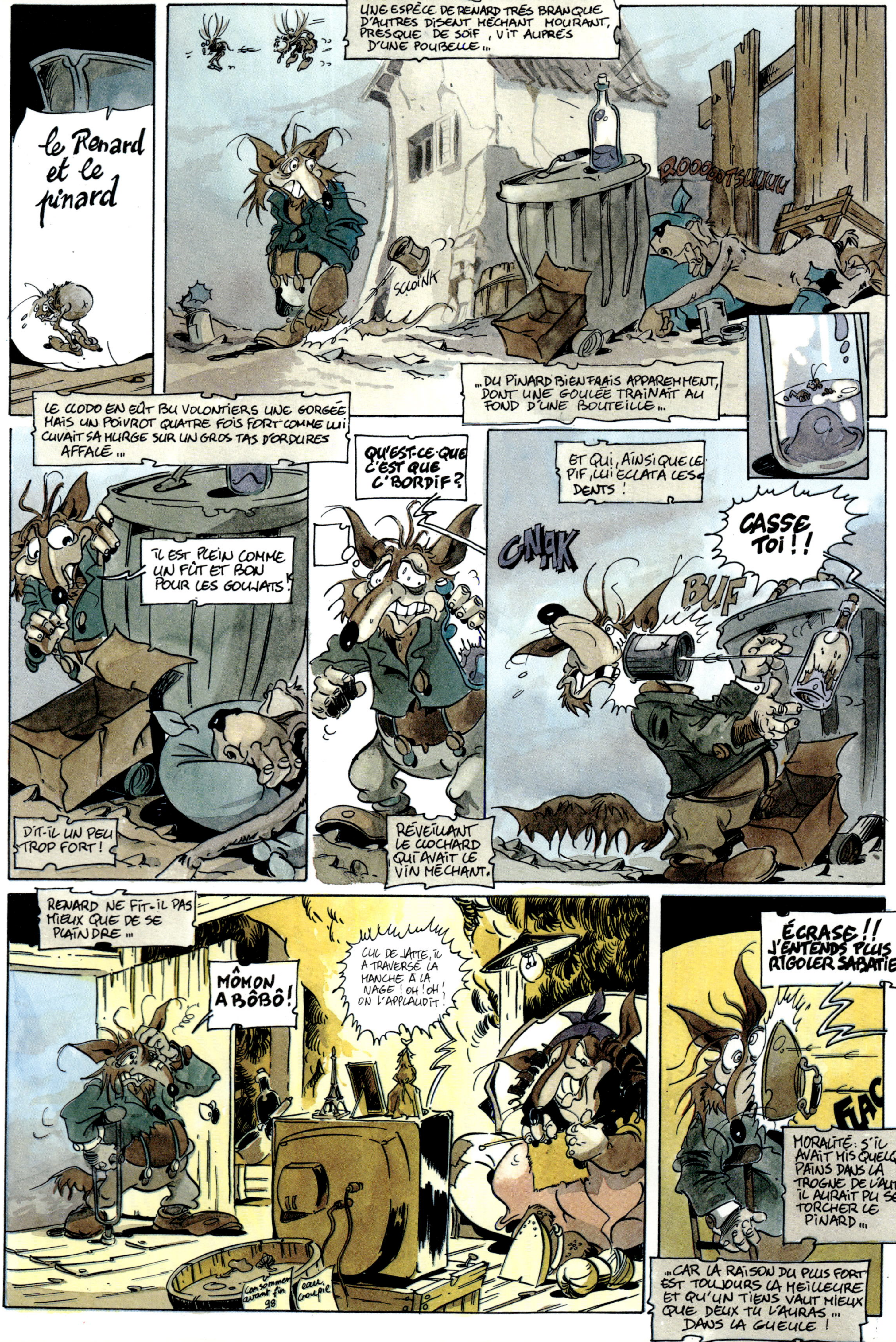
le Renard et le pinard
UNE ESPÈCE DE RENARD TRÈS BRANQUE D'AUTRES DISENT MÉCHANT MOURANT, PRESQUE DE SOIF, VIT AUPRÈS D'UNE POUBELLE...
SCLOINK
ROOOOOTSUUUU
...DU PINARD BIEN FAAIS APPAREMMENT, DONT UNE GOULÉE TRAINAIT AU FOND D'UNE BOUTEILLE...
LE CLODO EN EÛT BU VOLONTIERS UNE GORGÉE MAIS UN POIVROT QUATRE FOIS FORT COMME LUI CUVAIT SA MURGE SUR UN GROS TAS D'ORDURES AFFALÉ...
IL EST PLEIN COMME UN FÛT ET BON POUR LES GOUJATS!
DIT-IL UN PEU TROP FORT!
QU'EST-CE QUE C'EST QUE C'BORDIF?
RÉVEILLANT LE CLOCHARD QUI AVAIT LE VIN MÉCHANT.
ET QUI, AINSI QUE LE PIF, LUI ÉCLATA LES DENTS!
CASSE TOI!!
CNAK
BUF
RENARD NE FIT-IL PAS MIEUX QUE DE SE PLAINDRE...
MÔMON A BÔBÔ!
CUL DE JATTE, IL A TRAVERSÉ LA MANCHE À LA NAGE! OH! OH! ON L'APPLAUDIT!
consommer avant fin 98
eau croupie
ÉCRASE!! J'ENTENDS PLUS RIGOLER SABATIER!
FLAC
MORALITÉ: S'IL AVAIT MIS QUELQUES PAINS DANS LA TROGNE DE L'AUTRE IL AURAIT PU SE TORCHER LE PINARD...
...CAR LA RAISON DU PLUS FORT EST TOUJOURS LA MEILLEURE ET QU'UN TIENS VAUT MIEUX QUE DEUX TU L'AURAS... DANS LA GUEULE!

EH R'GARDE CELLUI LÀ !!
PAS MAL NON?
MMH ?
Nelson
VOUUÂÂ LAA GUUUEULEE !
OUUHOUOU OUHOU
ET DIRE QU'IL EXISTE !!
OHOHOH
ET C'LUI LÀ?
LÔ LÔ
...
BEN... ON PEUT PLAISANTER NON !!
VOILÀ VOILÀ ... LE LOYER N'EST PAS PAYÉ DEPUIS TROIS MOIS ... ON SE TORCHE LA GUEULE À LA PIQUETTE DE BAS ÉTAGE DEPUIS SIX MOIS ...
LES ÉTUDIANTS SE FONT MAS-SACRER EN CHINE ...
ON CRÈVE DE FAIM EN SOMALIE
LES C.R.S MATRAQUENT LES INFIRMIÈRES !
LES CHIOTTES SONT CASSÉES !
ET M'SIEUR POIVROT TROUVE LE TEMPS DE PLAISANTER !

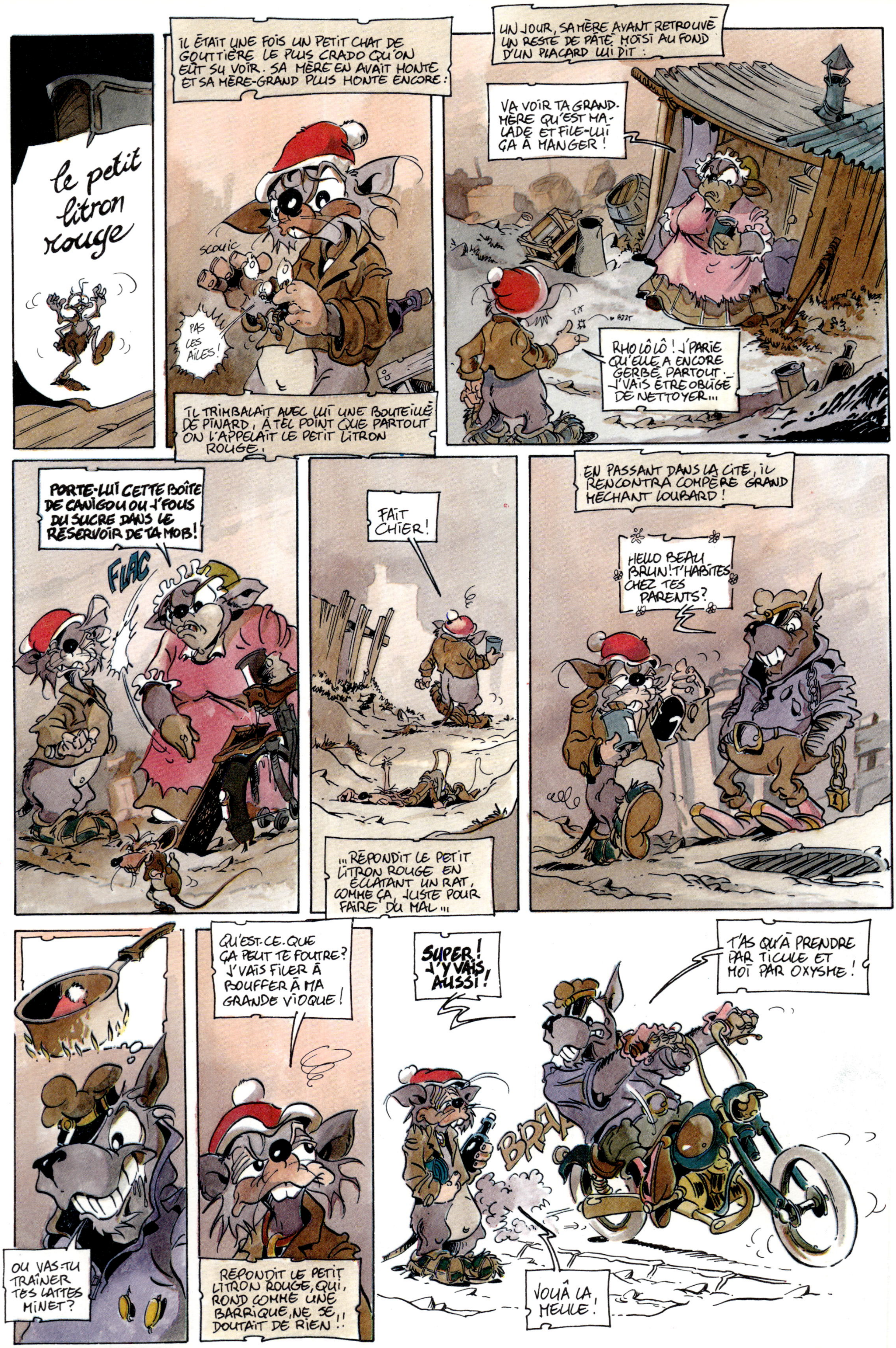

le petit litron rouge
IL ÉTAIT UNE FOIS UN PETIT CHAT DE GOUTTIÈRE LE PLUS CRADO QU'ON EÛT SU VOIR. SA MÈRE EN AVAIT HONTE ET SA MÈRE-GRAND PLUS HONTE ENCORE.
SCOUIC
PAS LES AILES!
IL TRIMBALAIT AVEC LUI UNE BOUTEILLE DE PINARD, À TEL POINT QUE PARTOUT ON L'APPELAIT LE PETIT LITRON ROUGE.
UN JOUR, SA MÈRE AYANT RETROUVÉ UN RESTE DE PÂTÉ MOISI AU FOND D'UN PLACARD LUI DIT :
VA VOIR TA GRAND-MÈRE QU'EST MALADE ET FILE-LUI ÇA À MANGER!
RHO LÔ LÔ! J'PARIE QU'ELLE A ENCORE GERBÉ PARTOUT. J'VAIS ÊTRE OBLIGÉ DE NETTOYER...
PORTE-LUI CETTE BOÎTE DE CANIGOU OU J'FOUS DU SUCRE DANS LE RÉSERVOIR DE TA MOB!
FLAC
FAIT CHIER!
...RÉPONDIT LE PETIT LITRON ROUGE EN ÉCLATANT UN RAT, COMME ÇA, JUSTE POUR FAIRE DU MAL...
EN PASSANT DANS LA CITÉ, IL RENCONTRA COMPÈRE GRAND MÉCHANT LOUBARD!
HELLO BEAU BRUN! T'HABITES CHEZ TES PARENTS?
OÙ VAS-TU TRAÎNER TES LATTES MINET?
QU'EST-CE QUE ÇA PEUT TE FOUTRE? J'VAIS FILER À BOUFFER À MA GRANDE VIOQUE!
RÉPONDIT LE PETIT LITRON ROUGE, QUI, ROND COMME UNE BARRIQUE, NE SE DOUTAIT DE RIEN!!
SUPER! J'Y VAIS AUSSI!
T'AS QU'À PRENDRE PAR TICULE ET MOI PAR OXYSME!
BRA
VOILÀ LA MEULE!

ET LE PETIT LITRON ROUGE CONTINUA SON CHEMIN, BUVANT UNE GORGÉE PAR-CI, UN BALLON PAR-LÀ, UNE GOULÉE PAR-CI, UN GODET PAR LÀ ...
LA QUEUE DE TELLE
BAR
BAR
LA BONNE MURGE
Le Brûle Gosier
BAR
HOULÂÂ
PENDANT CE TEMPS, L'AUTRE ENFLURE ROULAIT COMME UN CON POUR DOUBLER LE PETIT LITRON.
VROOOO
C'EST LÀ !!
CHEZ LA VIEILLE
Dentiers d'occasion
CRIIIIII
QUI EST LÀ ?
TOC
TOC
JEAN-PIERRE FOUCAULT !
FILE UN COUP DE BOBINETTE DANS LA PORTE, ELLE S'OUVRIRA !
BLONG

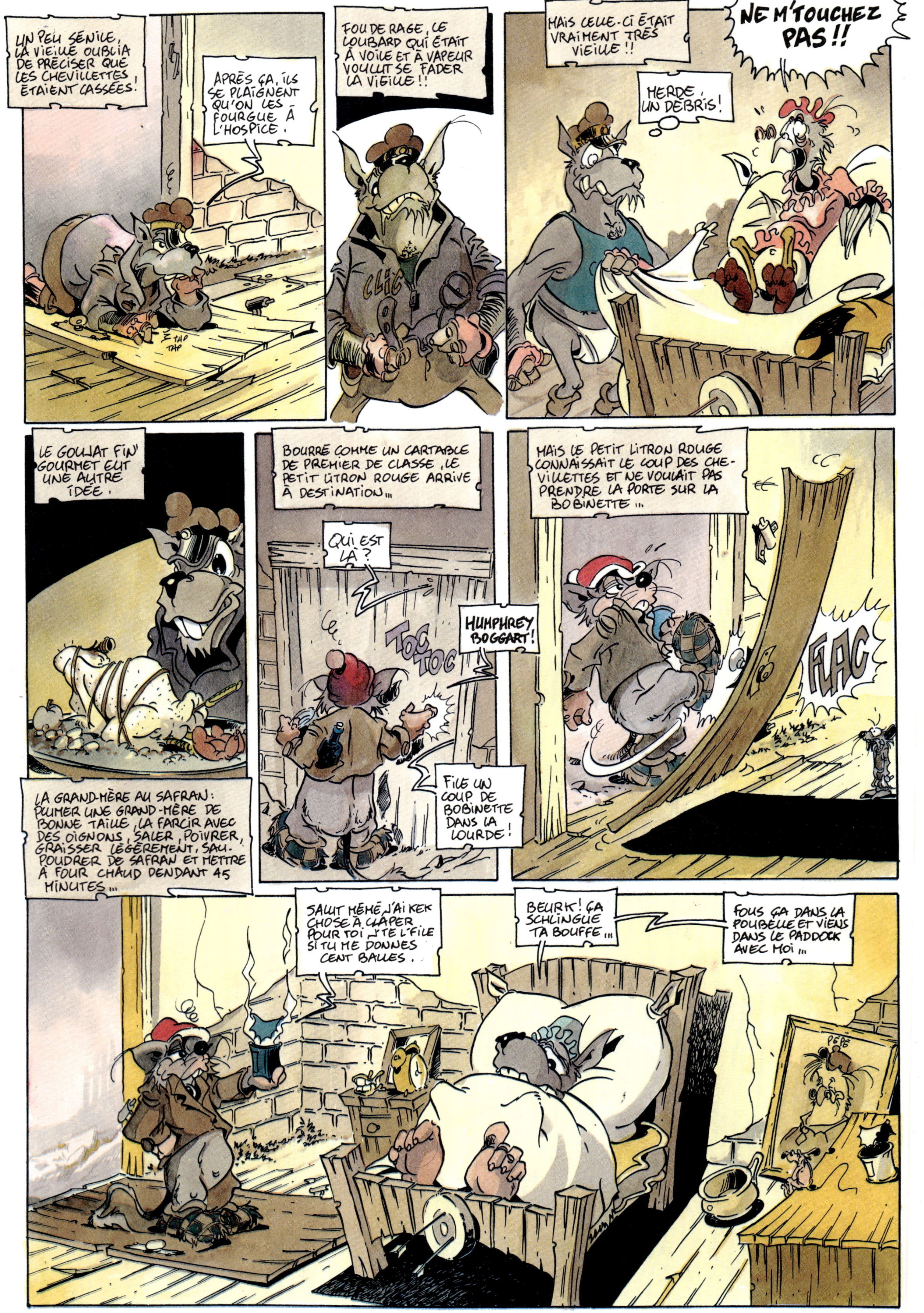
UN PEU SÉNILE, LA VIEILLE OUBLIA DE PRÉCISER QUE LES CHEVILLETTES ÉTAIENT CASSÉES.
APRÈS ÇA, ILS SE PLAIGNENT QU'ON LES FOURGUE À L'HOSPICE.
TAP TAP
FOU DE RAGE, LE LOUBARD QUI ÉTAIT À VOILE ET À VAPEUR VOULUT SE FADER LA VIEILLE !!
CLIC
MAIS CELLE-CI ÉTAIT VRAIMENT TRÈS VIEILLE !!
MERDE, UN DÉBRIS!
NE M'TOUCHEZ PAS !!
LE GOUJAT FIN GOURMET EUT UNE AUTRE IDÉE.
LA GRAND-MÈRE AU SAFRAN: PLUMER UNE GRAND-MÈRE DE BONNE TAILLE, LA FARCIR AVEC DES OIGNONS, SALER, POIVRER, GRAISSER LÉGÈREMENT, SAUPOUDRER DE SAFRAN ET METTRE À FOUR CHAUD PENDANT 45 MINUTES...
BOURRÉ COMME UN CARTABLE DE PREMIER DE CLASSE, LE PETIT LITRON ROUGE ARRIVE À DESTINATION...
QUI EST LÀ ?
TOC TOC
HUMPHREY BOGGART!
FILE UN COUP DE BOBINETTE DANS LA LOURDE!
MAIS LE PETIT LITRON ROUGE CONNAISSAIT LE COUP DES CHEVILLETTES ET NE VOULAIT PAS PRENDRE LA PORTE SUR LA BOBINETTE...
FLAC
SALUT MÉMÉ, J'AI KEK CHOSE À CLAPER POUR TOI, J'TE L'FILE SI TU ME DONNES CENT BALLES.
BEURK! ÇA SCHLINGUE TA BOUFFE...
FOUS ÇA DANS LA POUBELLE ET VIENS DANS LE PADDOCK AVEC MOI...
PÉPÉ

COMME LE PETIT LITRON ÉTAIT TROP PÉTÉ POUR TENIR SUR SES CANNES, IL NE SE LE FIT PAS DIRE DEUX FOIS.
HÉ ! HO ! MÉMÉ CALME TES ARDEURS !
BON ! J'ME CASSE, Y'A KEK CHOSE QUI TOURNE PAS ROND DANS C'PLUMARD
ATTENDS ! TU N'AS PAS VU LA TAILLE DE MON...
MAIS IL TROUVA QUE SA GRAND MÈRE AVAIT UN DRÔLE DE LOOK ET LUI POSA DES QUESTIONS SANS INTÉRÊT SUR SON PIF ET SES ARPIONS.
T'AURAIS PU TE RASER LES DESSOUS DE BRAS MÉMÉ !
C'EST POUR MIEUX TE PLAIRE MON ENFANT !
J'EN ÉTAIS SÛR ! T'ES PAS MA MÉMÉ !!
CLING
FLAC
TU L'AS BOUFFÉE EN PLUS !!
UUUUU
R'MARQUE... C'EST P'T'ÊTRE PAS UN MAUVAIS PLAN.
C'EST TOUT ?
TIENS ! J'SUIS PAS VACHE ON PARTAGE ! V'LA POUR TA PROTHÈSE...
GNII GNIIII
GLING
ET LE PETIT LITRON ROUGE REPARTIT EN CHANTANT...
BAR
LA GUEULE DE BOIS
Y'A LE BAISER D'ZEZETEUUU
C'EST LE PLUS DOUX, C'EST LE PLUS CHOUETTEUU
...PAR LES BOIS ET LES CHAMPS.

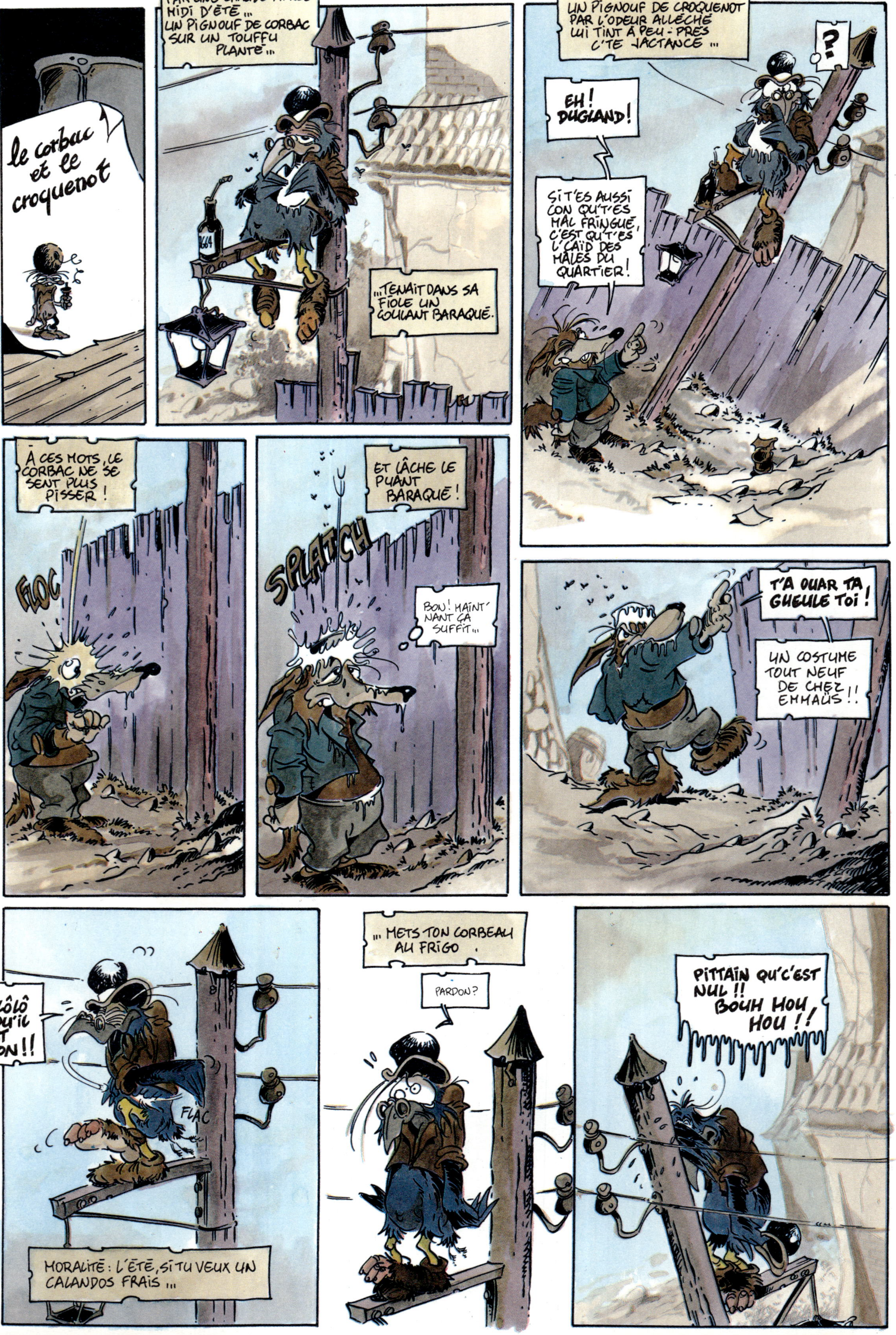
le corbac et le croquenot
PAR UNE CHAUDE APRÈS-MIDI D'ÉTÉ ... UN PIGNOUF DE CORBAC SUR UN TOUFFU PLANTÉ ...
... TENAIT DANS SA FIOLE UN COULANT BARAQUÉ.
UN PIGNOUF DE CROQUENOT PAR L'ODEUR ALLÉCHÉ LUI TINT À PEU-PRÈS C'TE JACTANCE ...
?
EH! DUGLAND!
SI T'ES AUSSI CON QU'T'ES MAL FRINGUÉ, C'EST QU'T'ES L'CAÏD DES MÂLES DU QUARTIER!
À CES MOTS, LE CORBAC NE SE SENT PLUS PISSER!
FLOC
ET LÂCHE LE PUANT BARAQUÉ!
SPLATCH
BON! MAINT'NANT ÇA SUFFIT...
T'A OUAR TA GUEULE TOI!
UN COSTUME TOUT NEUF DE CHEZ EMMAÜS!!
RÔLÔLÔ C'QU'IL EST CON!!
FLAC
MORALITÉ: L'ÉTÉ, SI TU VEUX UN CALANDOS FRAIS ...
... METS TON CORBEAU AU FRIGO.
PARDON?
PITTAIN QU'C'EST NUL!! BOUH HOU HOU!!

le rat débile et le rat méchant
L'AUTRE FOIS, LE RAT DÉBILE INVITA LE RAT MÉCHANT A SE FAIRE FAÇON FACILE UN PILLAGE D'APPARTEMENT.
CRAC
GAAA
SUR UN TAPIS DE TURQUIE LES TROPHEÉS SE TROUVENT MIS JE LAISSE À PENSER LE PRIX QU'EN TIRERONT LES DEUX AMIS
SCRACK
HIN HIN
LE BRAQUAGE FUT FORT CORRECT RIEN NE MANQUAIT AU BUTIN MAIS UN NAZE TROUBLA LA FÊTE PENDANT QU'ILS ÉTAIENT EN TRAIN
CRRRRR
CHHT!
À LA PORTE DE L'APPART IL YEUT UN DRÔLE DE BRUIT!
C'EST MÈRE DENIS !! J'VIENS LIVRER LA MACHINE !
?!
CRACK
LE RAT DÉBILE DÉTALE, SON CAMARADE LE SUIT.
LE BRUIT D'UN COUP FEUTRÉ, RATS EN CAVALE AUSSITÔT...
DEDJÛÛ !! C'ÉTAIT QUOI ÇA? HEIN? C'ÉTAIT QUOI ?
EH! ON NE VA PAS LAISSER TOUT ÇA !!
ET LE BARGEOT DE GUEULER ACHEVONS NOTRE BOULOT!
STOP GALÈRE DIT LE BRUTAL ! DEMAIN ON S'FAIT MON QUARTIER. CE N'EST PAS QUE J'TROUVE BANCAL TON LARCIN DE QUINCAILLER...
GAAA
MAIS RIEN NE VIENT M'INTERROMPRE, JE BRAQUE TOUT À LOISIR
T'AS COMPRIS POV'TARÉ ?
SBUF
ADIEU DONC, FI DU PLAISIR QUE LA CRAINTE PEUT CORROMPRE.

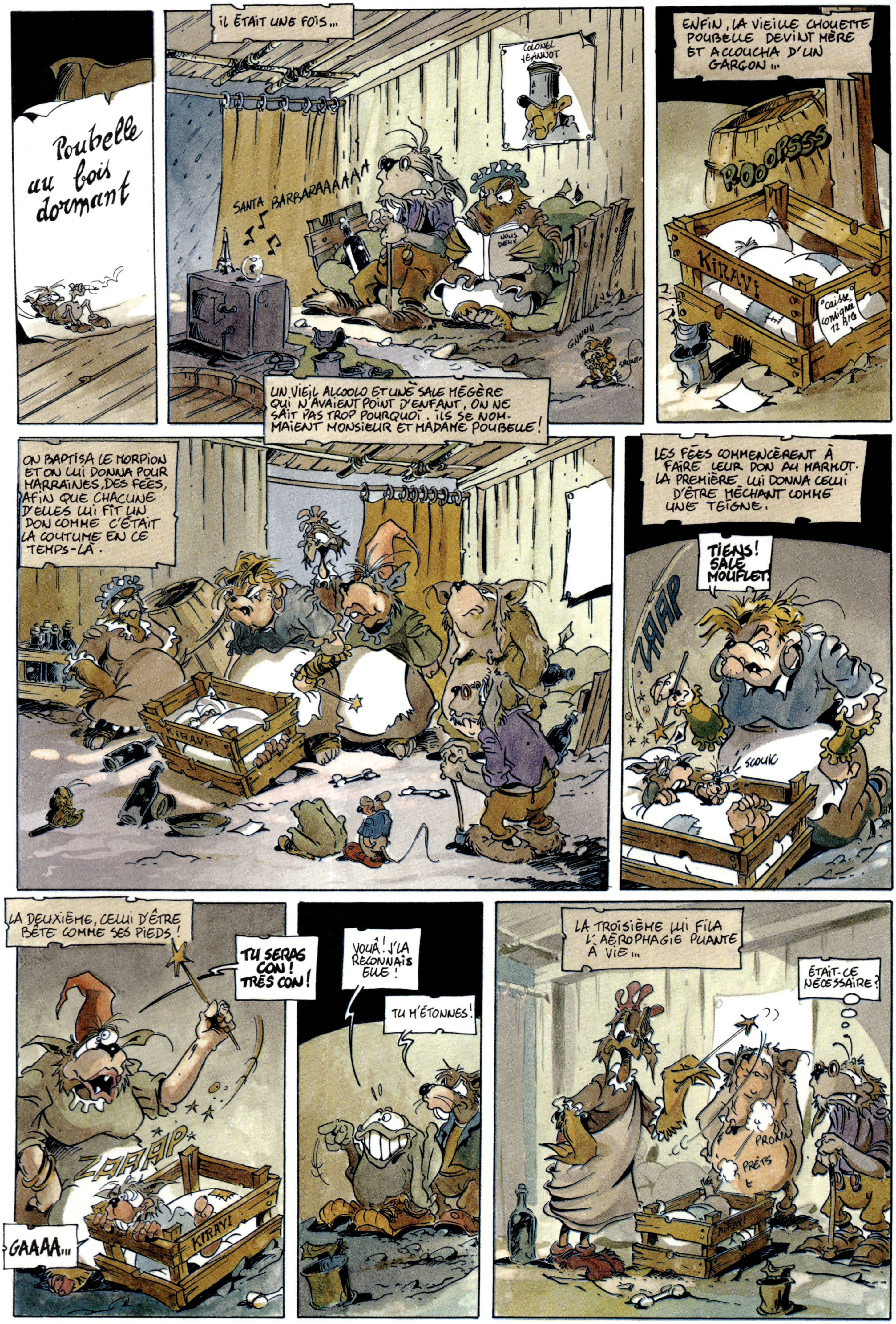
Poubelle au bois dormant
IL ÉTAIT UNE FOIS...
COLONEL YEANNOT
SANTA BARBARAAAAAA
NOUS DEUX
GNNNN
SRUNTCH
UN VIEJL ALCOOLO ET UNE SALE MÉGÈRE QUI N'AVAIENT POINT D'ENFANT, ON NE SAIT PAS TROP POURQUOI. ILS SE NOMMAIENT MONSIEUR ET MADAME POUBELLE !
ENFIN, LA VIEILLE CHOUETTE POUBELLE DEVINT MÈRE ET ACCOUCHA D'UN GARÇON...
ROOOPSSS
KIRAVI
caisse consignée 12 Btle
ON BAPTISA LE MORPION ET ON LUI DONNA POUR MARRAINES, DES FÉES, AFIN QUE CHACUNE D'ELLES LUI FÎT UN DON COMME C'ÉTAIT LA COUTUME EN CE TEMPS-LÀ.
KIRAVI
LES FÉES COMMENCÈRENT À FAIRE LEUR DON AU MARMOT. LA PREMIÈRE LUI DONNA CELUI D'ÊTRE MÉCHANT COMME UNE TEIGNE.
TIENS ! SALE MOUFLET !
ZAAAP
SCOUIC
LA DEUXIÈME, CELUI D'ÊTRE BÊTE COMME SES PIEDS !
TU SERAS CON ! TRÈS CON !
ZAAAP
KIRAVI
GAAAA...
VOUÀ ! J'LA RECONNAIS ELLE !
TU M'ÉTONNES !
LA TROISIÈME LUI FILA L'AÉROPHAGIE PUANTE À VIE...
ÉTAIT-CE NÉCESSAIRE ?
PRONN
PRÊTS
KIRAVI

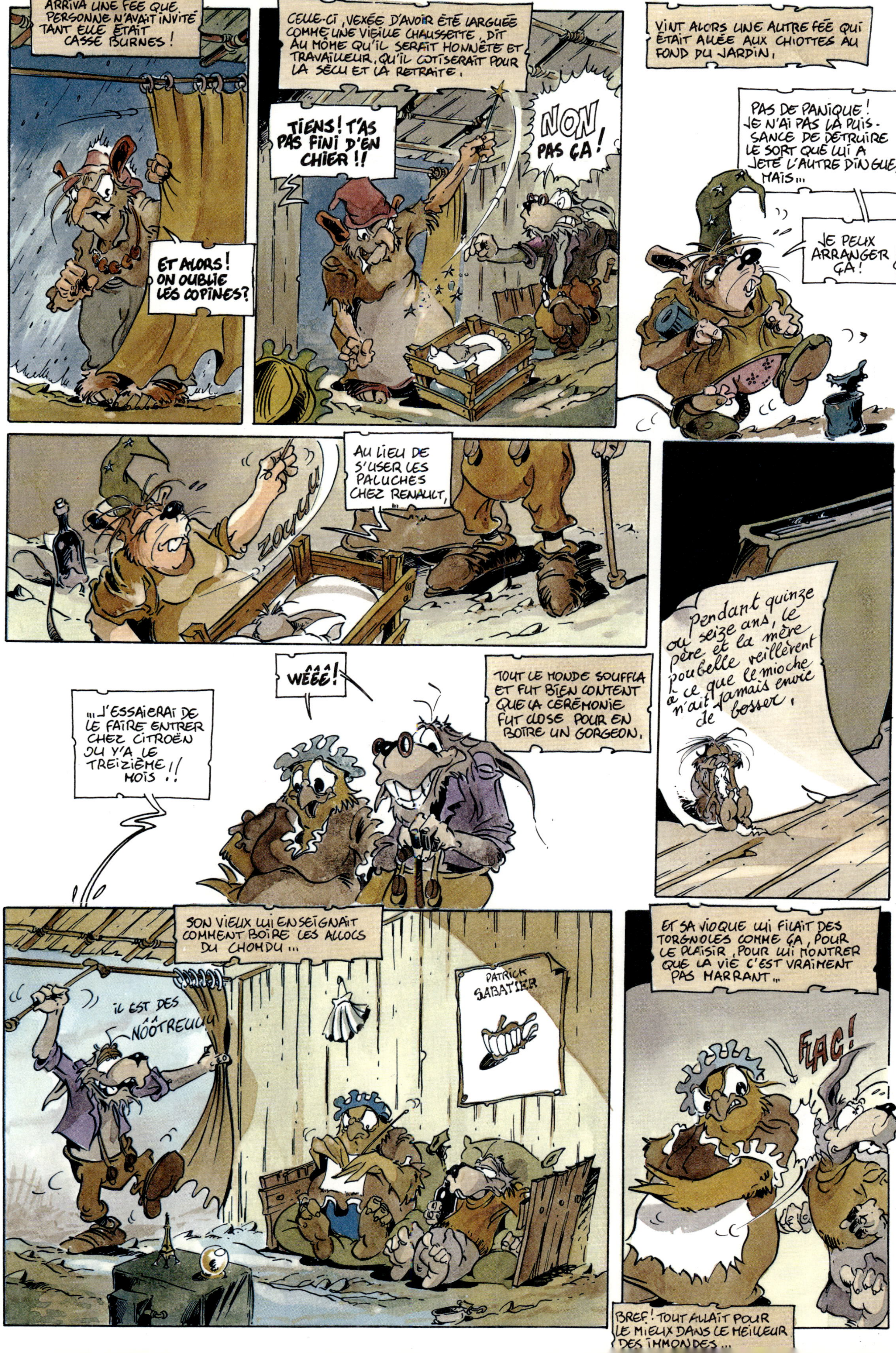
ARRIVA UNE FÉE QUE PERSONNE N'AVAIT INVITÉ TANT ELLE ÉTAIT CASSE BURNES !
ET ALORS ! ON OUBLIE LES COPINES ?
CELLE-CI, VEXÉE D'AVOIR ÉTÉ LARGUÉE COMME UNE VIEILLE CHAUSSETTE, DIT AU MÔME QU'IL SERAIT HONNÊTE ET TRAVAILLEUR, QU'IL COTISERAIT POUR LA SÉCU ET LA RETRAITE.
TIENS ! T'AS PAS FINI D'EN CHIER !!
NON PAS ÇA !
VINT ALORS UNE AUTRE FÉE QUI ÉTAIT ALLÉE AUX CHIOTTES AU FOND DU JARDIN.
PAS DE PANIQUE ! JE N'AI PAS LA PUISSANCE DE DÉTRUIRE LE SORT QUE LUI A JETÉ L'AUTRE DINGUE, MAIS...
JE PEUX ARRANGER ÇA !
ZOUIII
AU LIEU DE S'USER LES PALUCHES CHEZ RENAULT,
...J'ESSAIERAI DE LE FAIRE ENTRER CHEZ CITROËN OÙ Y'A LE TREIZIÈME MOIS !!
WÊÊÊ !
TOUT LE MONDE SOUFFLA ET FUT BIEN CONTENT QUE LA CÉRÉMONIE FUT CLOSE POUR EN BOIRE UN GORGEON.
Pendant quinze ou seize ans, le père et la mère poubelle veillèrent à ce que le mioche n'ait jamais envie de bosser.
SON VIEUX LUI ENSEIGNAIT COMMENT BOIRE LES ALLOCS DU CHÔMDU...
IL EST DES NÔÔTREUUU
PATRICK SABATIER
ET SA VIOQUE LUI FILAIT DES TORGNOLES COMME ÇA, POUR LE PLAISIR, POUR LUI MONTRER QUE LA VIE C'EST VRAIMENT PAS MARRANT...
FLAC !
BREF. TOUT ALLAIT POUR LE MIEUX DANS LE MEILLEUR DES IMMONDES...

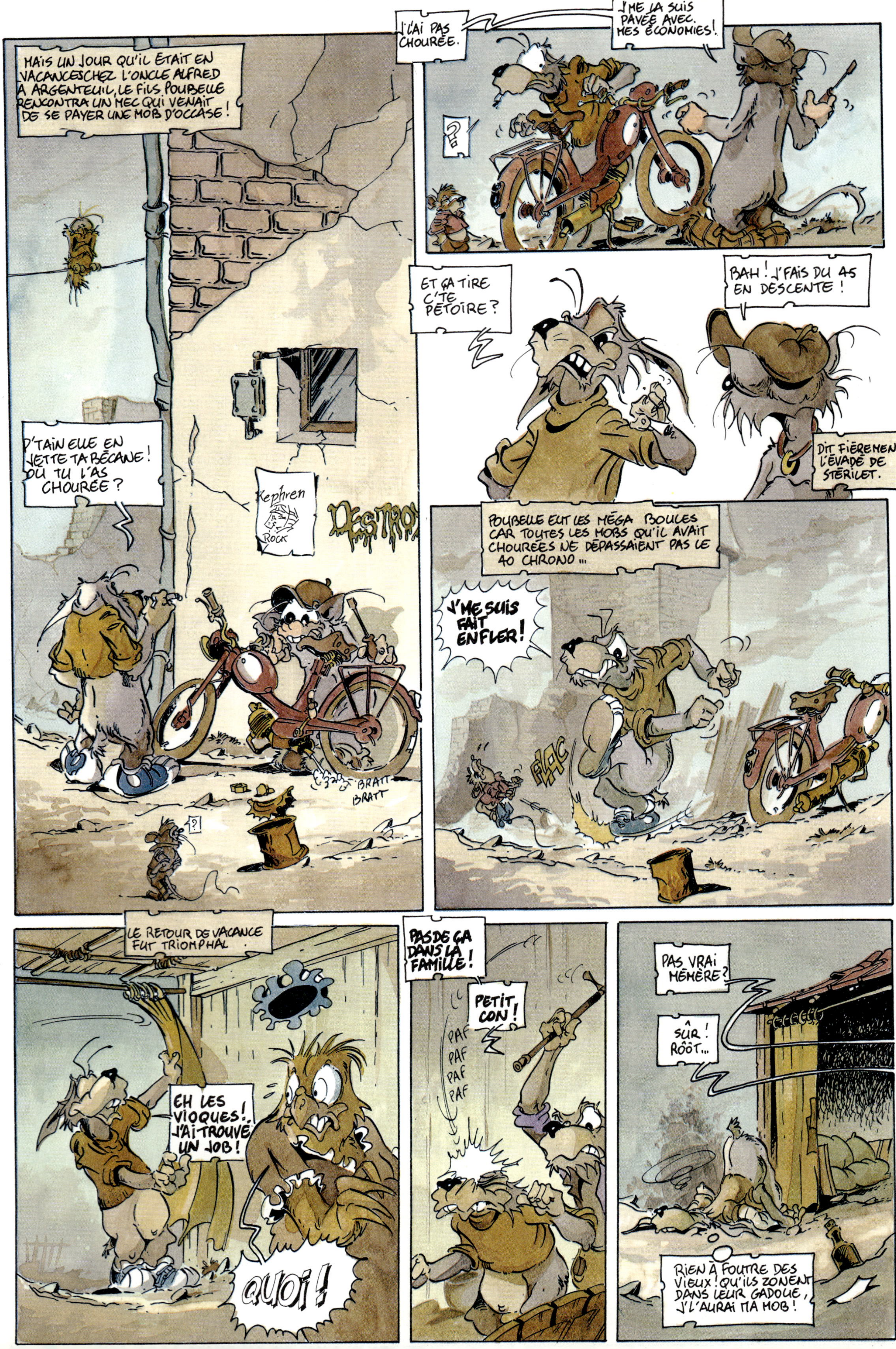

MAIS UN JOUR QU'IL ÉTAIT EN VACANCES CHEZ L'ONCLE ALFRED À ARGENTEUIL, LE FILS POUBELLE RENCONTRA UN MEC QUI VENAIT DE SE PAYER UNE MOB D'OCCASE !
Kephren ROCK
D'TAIN ELLE EN JETTE TA BÉCANE ! OÙ TU L'AS CHOURÉE ?
BRATT BRATT
?!
J'L'AI PAS CHOURÉE.
J'ME LA SUIS PAYÉE AVEC MES ÉCONOMIES !
?!
ET ÇA TIRE C'TE PÉTOIRE ?
BAH ! J'FAIS DU 45 EN DESCENTE !
DIT FIÈREMENT L'ÉVADÉ DE STÉRILET.
POUBELLE EUT LES MÉGA BOULES CAR TOUTES LES MOBS QU'IL AVAIT CHOURÉES NE DÉPASSAIENT PAS LE 40 CHRONO...
J'ME SUIS FAIT ENFLER !
FLAC
LE RETOUR DE VACANCE FUT TRIOMPHAL.
EH LES VIOQUES ! J'AI TROUVÉ UN JOB !
QUOI !
PAS DE ÇA DANS LA FAMILLE !
PETIT CON !
PAF PAF PAF PAF
PAS VRAI MÉMÈRE ?
SÛR ! RÔÔT...
RIEN À FOUTRE DES VIEUX ! QU'ILS ZONENT DANS LEUR GADOUE, J'L'AURAI MA MOB !

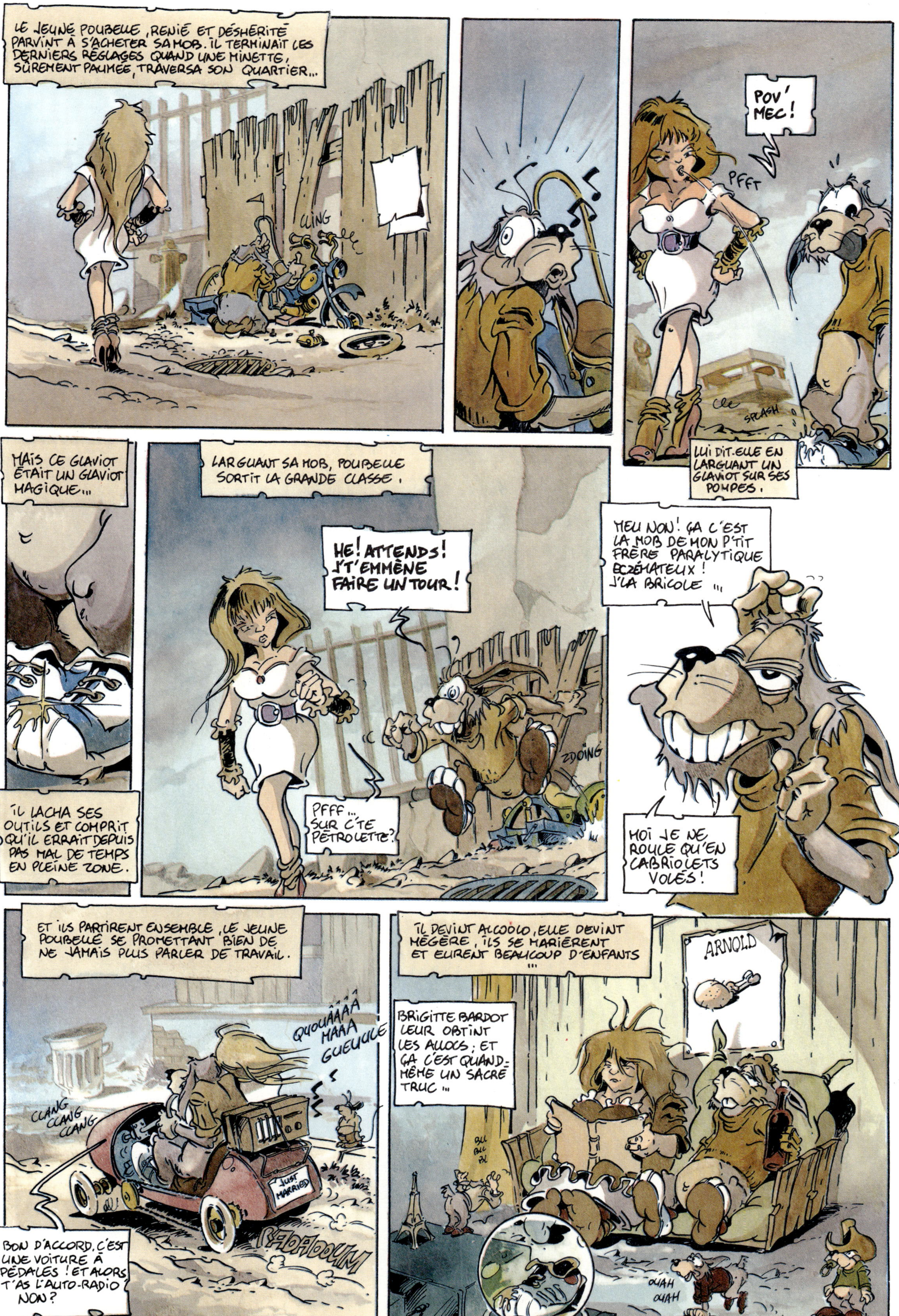
LE JEUNE POUBELLE, RENIÉ ET DÉSHÉRITÉ PARVINT À S'ACHETER SA MOB. IL TERMINAIT LES DERNIERS RÉGLAGES QUAND UNE MINETTE, SÛREMENT PAUMÉE, TRAVERSA SON QUARTIER...
CLING
POV' MEC !
PFFT
SPLASH
LUI DIT-ELLE EN LARGUANT UN GLAVIOT SUR SES POMPES.
MAIS CE GLAVIOT ÉTAIT UN GLAVIOT MAGIQUE...
IL LÂCHA SES OUTILS ET COMPRIT QU'IL ERRAIT DEPUIS PAS MAL DE TEMPS EN PLEINE ZONE.
LARGUANT SA MOB, POUBELLE SORTIT LA GRANDE CLASSE.
HÉ! ATTENDS! J'T'EMMÈNE FAIRE UN TOUR!
PFFF... SUR C'TE PÉTROLETTE?
ZDOING
MEU NON! ÇA C'EST LA MOB DE MON P'TIT FRÈRE PARALYTIQUE ECZÉMATEUX! J'LA BRICOLE...
MOI JE NE ROULE QU'EN CABRIOLETS VOLÉS!
ET ILS PARTIRENT ENSEMBLE, LE JEUNE POUBELLE SE PROMETTANT BIEN DE NE JAMAIS PLUS PARLER DE TRAVAIL.
QUOUÂÂÂÂ HAAA GUEULLE
CLANG CLANG CLANG
JUST MARRIED
BON D'ACCORD, C'EST UNE VOITURE À PÉDALES ! ET ALORS T'AS L'AUTO-RADIO NON?
IL DEVINT ALCOOLO, ELLE DEVINT MÉGÈRE, ILS SE MARIÈRENT ET EURENT BEAUCOUP D'ENFANTS...
ARNOLD
BRIGITTE BARDOT LEUR OBTINT LES ALLOCS; ET ÇA C'EST QUAND-MÊME UN SACRÉ TRUC...
OUAH OUAH

le loubard et le vieux pot
UN VIEUX CHAT MALADE SE DÉSALTÉRAIT DANS UNE FLAQUE D'EAU...
UN RAT SURVINT À JEUN QUI CHERCHAIT L'AVENTURE!
EH MEC, TU T'ES TROMPÉ DE BOÎTE DE CONSERVE! CELLE-CI C'EST LA SEULE DU QUARTIER QU'EST PAS PERCÉE!...
?
ET PAS D'CHANCE, C'EST LA MIENNE!
MAIS... DIS-MOI VIEUX POT, T'AURAIS PAS ESSAYÉ D'ME BOUFFER L'AN PASSÉ?
MAIS NON MON P'TIT, Y'A ERREUR, ÇA FAIT DIX ANS QUE J'SUIS COUCHÉ AVEC UNE PHLÉBITE!
TANT PIS! TU VAS DÉROUILLER POUR LES AUTRES...
HEIN!
CRIC CRAC
CAR VOUS NE M'ÉPARGNEZ GUÈRE VOUS, VOS TAPETTES ET VOS MAÎTRES!
SPUMP
GASP!
PLEINE TRONCHE!
TITI TU ES VENGÉ!

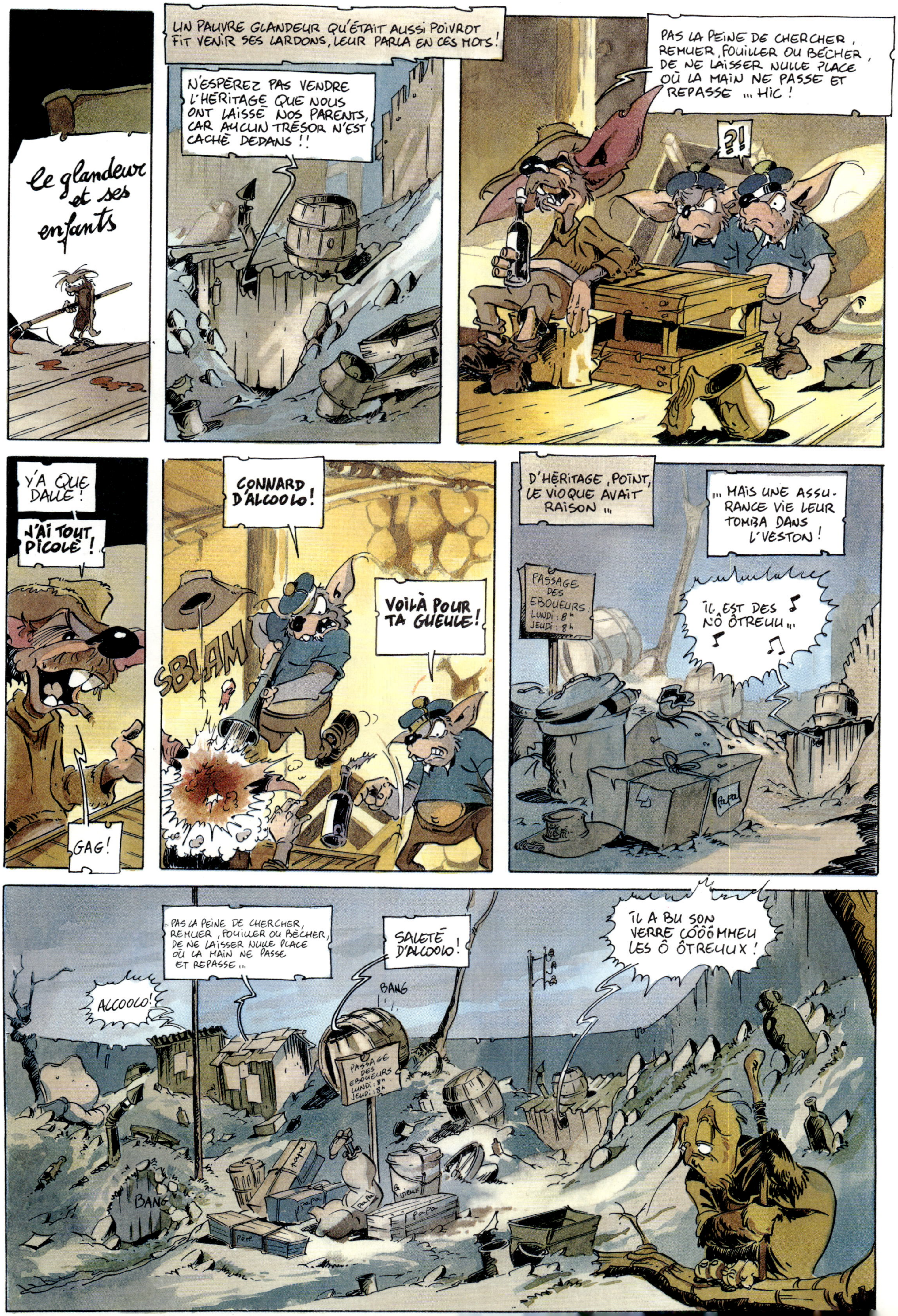
Le glandeur et ses enfants
UN PAUVRE GLANDEUR QU'ÉTAIT AUSSI POIVROT FIT VENIR SES LARDONS, LEUR PARLA EN CES MOTS !
N'ESPÉREZ PAS VENDRE L'HÉRITAGE QUE NOUS ONT LAISSÉ NOS PARENTS, CAR AUCUN TRÉSOR N'EST CACHÉ DEDANS !!
PAS LA PEINE DE CHERCHER, REMUER, FOUILLER OU BÊCHER, DE NE LAISSER NULLE PLACE OÙ LA MAIN NE PASSE ET REPASSE ... HIC !
?!
Y'A QUE DALLE !
J'AI TOUT PICOLÉ !
GAG !
CONNARD D'ALCOOLO !
SBLAM
VOILÀ POUR TA GUEULE !
D'HÉRITAGE, POINT, LE VIOQUE AVAIT RAISON ...
... MAIS UNE ASSURANCE VIE LEUR TOMBA DANS L'VESTON !
PASSAGE DES EBOUEURS LUNDI : 8h JEUDI : 8h
IL EST DES NÔ ÔTREUU ...
PAS LA PEINE DE CHERCHER, REMUER, FOUILLER OU BÊCHER, DE NE LAISSER NULLE PLACE OÙ LA MAIN NE PASSE ET REPASSE ...
ALCOOLO !
SALETÉ D'ALCOOLO !
BANG
IL A BU SON VERRE CÔÔÔMMEU LES Ô ÔTREUUX !
BANG

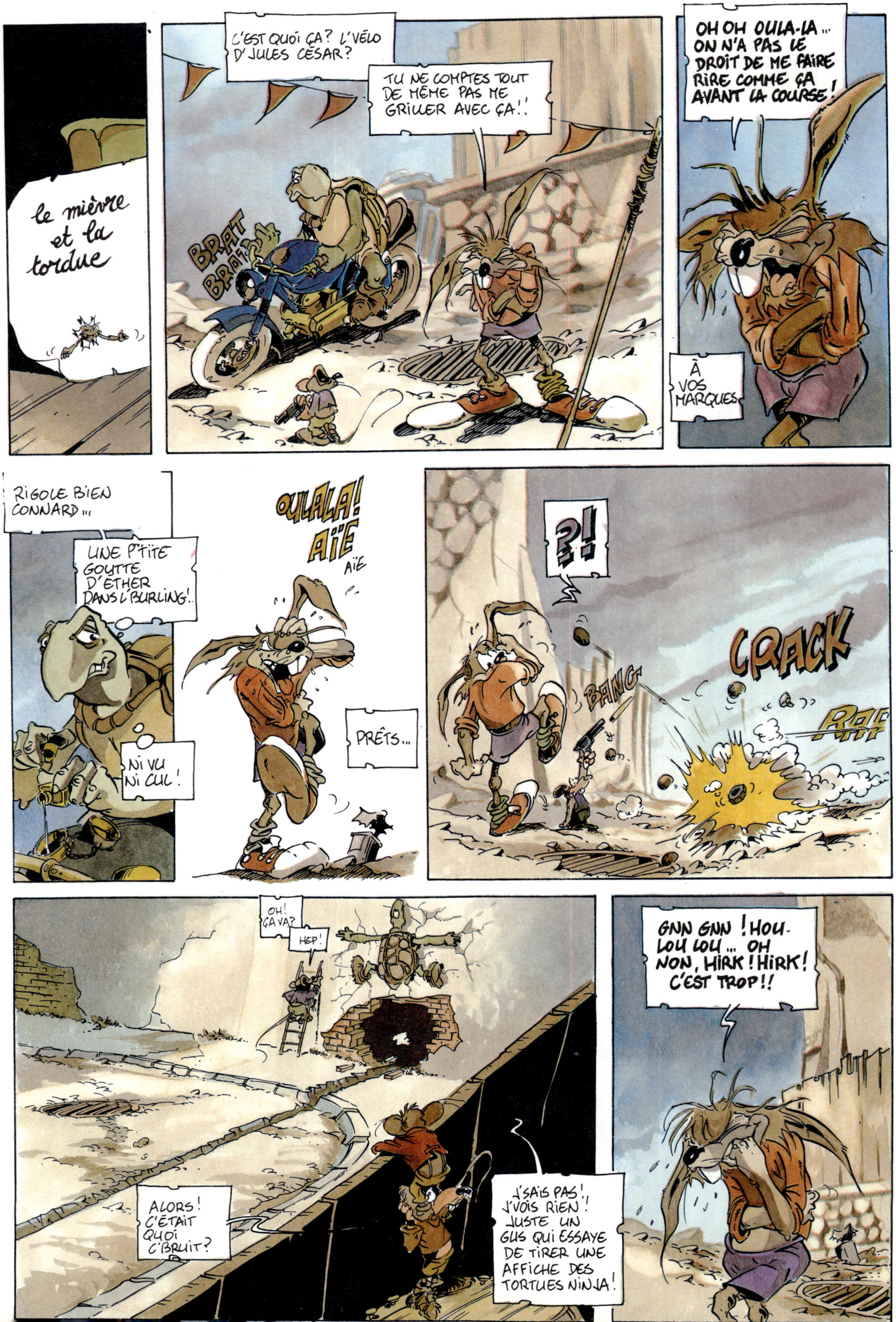
le mièvre et la tordue
C'EST QUOI ÇA? L'VÉLO D'JULES CÉSAR?
TU NE COMPTES TOUT DE MÊME PAS ME GRILLER AVEC ÇA!.
BRAT BRAT
OH OH OULA-LA... ON N'A PAS LE DROIT DE ME FAIRE RIRE COMME ÇA AVANT LA COURSE!
À VOS MARQUES
RIGOLE BIEN CONNARD...
UNE P'TITE GOUTTE D'ÉTHER DANS L'BURLING!
NI VU NI CUL!
OULALA! AÏE
AÏE
PRÊTS...
?!
BANG
CRACK
RAF
OH! ÇA VA?
HEP!
ALORS! C'ÉTAIT QUOI C'BRUIT?
J'SAIS PAS! J'VOIS RIEN! JUSTE UN GUS QUI ESSAYE DE TIRER UNE AFFICHE DES TORTUES NINJA!
GNN GNN! HOU-LOU LOU... OH NON, HIRK! HIRK! C'EST TROP!!

le connard et la cigogne
COMPÈRE RENARD RETINT UN JOUR COMMÈRE CIGOGNE À DÎNER...
S'CUZE-MOI L'ASPERGE MAIS J'AI PAS EU LE TEMPS D'ALLER FAIRE LES COURSES À MAMMOUTH !
MAIS... COMMENT PUIS-JE ME SUSTENTER AVEC MON LONG BEC ?
PRENDS TA FOURCHETTE EH CRÂNE DE PIAF !!
VOUÂ HA HA LA GUEULE !
GOUJAT !
IRK IRK
MAIS LA CIGOGNE N'EST PAS RANCUNIÈRE, C'EST LÀ SON MOINDRE DÉFAUT !
JE VOUS ATTENDS DONC POUR DIX-NEUF HEURES... OUIII... C'EST CELÀÀÀ... NOUS DÎNERONS DANS LE LIVING...
COUCOU C'EST MOI !!
DÉPÊCHEZ-VOUS ! LA TABLE EST MISE !!
EH J'FAIS COMMENT POUR BECQUETER LÀ ?...
HOULA ÇA VA PÉTER... ÇA VA PÉTER...
SERS-TOI DE TA FOURCHETTE EH CONNARD !

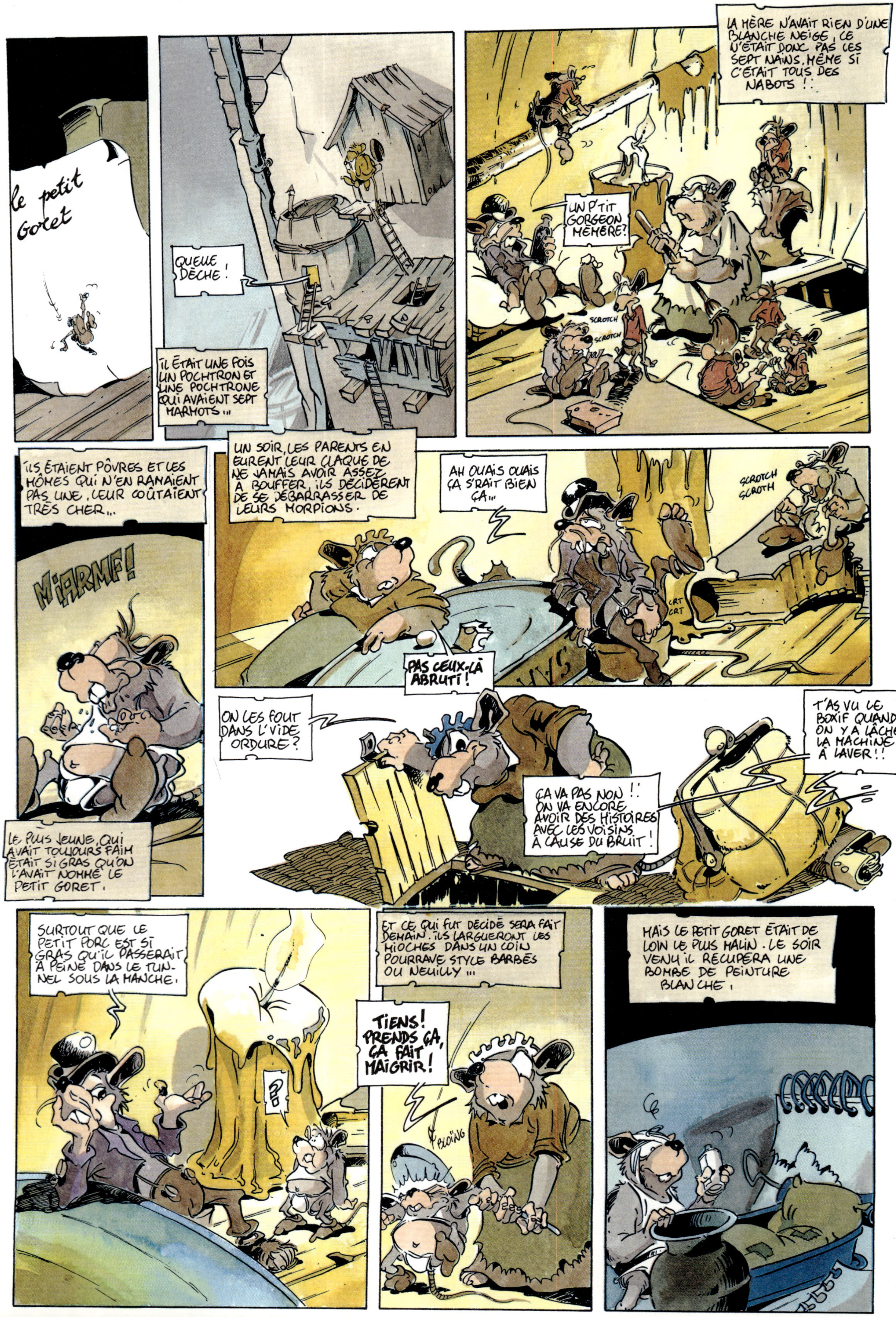
le petit Goret
QUELLE DÊCHE !
IL ÉTAIT UNE FOIS UN POCHTRON ET UNE POCHTRONE QUI AVAIENT SEPT MARMOTS...
LA MÈRE N'AVAIT RIEN D'UNE BLANCHE NEIGE, CE N'ÉTAIT DONC PAS LES SEPT NAINS, MÊME SI C'ÉTAIT TOUS DES NABOTS !!
UN P'TIT GORGEON MÉMÈRE?
SCROTCH
SCROTCH
ILS ÉTAIENT PÔVRES ET LES MÔMES QUI N'EN RAMAIENT PAS UNE, LEUR COÛTAIENT TRÈS CHER...
MIARMF!
LE PLUS JEUNE, QUI AVAIT TOUJOURS FAIM ÉTAIT SI GRAS QU'ON L'AVAIT NOMMÉ LE PETIT GORET.
UN SOIR, LES PARENTS EN EURENT LEUR CLAQUE DE NE JAMAIS AVOIR ASSEZ À BOUFFER, ILS DÉCIDÈRENT DE SE DÉBARRASSER DE LEURS MORPIONS.
AH OUAIS OUAIS ÇA S'RAIT BIEN ÇA...
SCROTCH SCROTH
CRT CRT
PAS CEUX-LÀ ABRUTI !
ON LES FOUT DANS L'VIDE, ORDURE?
ÇA VA PAS NON !! ON VA ENCORE AVOIR DES HISTOIRES AVEC LES VOISINS À CAUSE DU BRUIT !
T'AS VU LE BOXIF QUAND ON Y A LÂCHÉ LA MACHINE À LAVER !!
SURTOUT QUE LE PETIT PORC EST SI GRAS QU'IL PASSERAIT À PEINE DANS LE TUNNEL SOUS LA MANCHE.
?
ET CE QUI FUT DÉCIDÉ SERA FAIT DEMAIN. ILS LARGUERONT LES MIOCHES DANS UN COIN POURRAVE STYLE BARBÈS OU NEUILLY...
TIENS! PRENDS ÇA, ÇA FAIT MAIGRIR!
BLOÏNG
MAIS LE PETIT GORET ÉTAIT DE LOIN LE PLUS MALIN. LE SOIR VENU IL RÉCUPÉRA UNE BOMBE DE PEINTURE BLANCHE.

AU MATIN, AVEC UN PINCEMENT AU COEUR, LE PÈRE VINT TENDREMENT LES RÉVEILLER !!
VLOUF !
DEBOUT LES LARVES !
OÙ ON VA ?
EN VACANCE !
T'ENTENDS ÇA ? EN VACANCES !!
ELLES SONT FOLLES DE MOI
SUPER !
ÇA TRAÎNE DERRIÈRE !
JE M'AIME
ÇA VA ÊTRE LE MOMENT.
CASSONS NOUS !
EH LES MECS ! LES VIEUX SE SONT FAIT LA MALLE !!
DÉCONNE PAS !
PITAIN ON EST PAUMÉ !
PAS D'PANIQUE J'AVAIS TOUT PRÉVU !
MERCI PAPA ! MERCI MAMAN
AU FOYER C'ÉTAIT LA DÉSOLATION... LES PARENTS VENAIENT DE TOUCHER L'ASSEDIC ET POUR OUBLIER LA DISPARITION DE LEURS ENFANTS, ILS NOYAIENT LEUR CHAGRIN DANS L'ALCOOL ...
COUCOU NOUS REVOILOU !
C'EST À BOIRE À BOIRE À BOIREUUU...
JE VOUS LAISSE À PENSER LA JOIE QU'ILS EURENT DE RETROUVER LEUR PETITE FAMILLE SAINE ET SAUVE...
LES CARTOUCHES ! OÙ SONT LES CARTOUCHES ?
Y'EN N'A PLUS DE CARTOUCHES ! TU LES A FINIES SUR MÉMÉ !!
FLAC

HUIT JOURS PLUS TARD, LE FRIGO ÉTAIT ENCORE VIDE. ILS DÉCIDÈRENT UNE NOUVELLE FOIS DE SE DÉBARASSER DES MÔMES...
RHÔLOLO LA DÈCHE!
CE QUI FUT DÉCIDÉ SERAIT FAIT!
ET LE LENDEMAIN FUT UN MATIN CÂLIN...
DEBOUT!
SARDINES
HEUREUSEMENT, LE PETIT GORET PENSA À EMMENER SA BOMBE DE PEINTURE!
J'AI PAUMÉE BORDIL! J'ÉTAIS POURTANT SÛR D'L'AVOIR MISE DANS L'PADDOCK
T'AS BOUFFÉ UN CHAMP DE POIREAUX MA PAROLE!
LES JOLIIIIIIES COOLONIIIIIIIES DE VACANNNCEU
FAUTE DE BOMBE, LE PETIT GORET TROUVA UNE AUTRE SOLUTION POUR MARQUER SON TERRITOIRE.
CASSONS-NOUS!
MERCIIIIII PAPAAA MERCIIIIII MAMANN
EH LES MECS! LES VIEUX SE SONT TIRÉS!
ENCORE? ILS VONT NOUS LA JOUER COMBIEN DE FOIS?
DÉBILES!
CALMOS! J'AI TOUT PRÉVU.
MAIS, QUEUE-DALLE! ALLEZ SAVOIR CE QU'IL S'ÉTAIT PASSÉ. ÉVAPORATION OU JE NE SAIS QUOI... PLUS DE TRACES DE JETS!
ALORS LÀ, J'COMPRENDS PLUS! J'EN AVAIS MIS PARTOUT!
PAUMÉS LES GUS...
ILS DÉCIDÈRENT DONC DE PASSER LA NUIT À L'ARMÉE DU SALUT VU QUE LE COLLÈGE DE SAINTE JOUVENCELLE ÉTAIT FERMÉ!!
ARMÉE DU SALUT
HÉLAS LES PITITS ZENFANTS, C'EST ICI LA MAISON D'UN OGRE QUI MANGE LES ENFANTS...
RIEN À CIRER! ON S'PLANQUERA SOUS UN PLUMARD!!

L'OGRE RENTRÉ, IL SE MIT À TABLE ... MAIS UNE FOIS FINIE LA PETITE COLLATION QUE LUI AVAIT PRÉPARÉE LA VIEILLE, IL AVAIT ENCORE LES CROCS.
J'ME F'RAIS BIEN UN P'TIT DESSERT!
VLAN
SNIIIIIF!
MAIS! ... ÇA SENT LA MARMAILLE!
LE PETIT GORET QUI AVAIT TOUT ENTENDU ET QUI CONNAISSAIT DÉJÀ L'HISTOIRE, CHERCHA PARTOUT LES SEPT FILLES DE L'OGRE!
C'EST PAS VRAI ÇA! OÙ ELLES SONT?
VITE! DANS L'PADDOCK. J'L'ENTENDS QUI S'AMÈNE!
MAIS QUELLE DALLE! PAS DE FILLES DANS CETTE HISTOIRE.
RHÔÔ LES CONS! ILS SE SONT PLANQUÉS DANS MON PLUMART!
L'OGRE S'ENVOYA LES SEPT ENFANTS POCHTRON ... HOR-RIBLE!!
SLURP!
HÉ! HO! ÇA NE VA PAS FINIR COMME ÇA, C'EST TROP NUL!
l'ogre s'envoya les sept enfants Pochtron... hor-rible!!
C'EST VRAI ÇA, C'EST PAS TRÈS MORAL MON HISTOIRE...
FAUT QUE JE RAJOUTE UNE FIN...
... MAIS LE PETIT GORET QUI AVAIT DÉPASSÉ LA DATE LIMITE DE CONSOMMATION, FILA À L'OGRE UNE CHIASSE TERRIBLE ...
GNNNIN
GNNNN
... LE CLOUANT SUR LE CHIOTTE POUR LE RESTANT DE SES JOURS!

le chat pété
CETTE FOIS-CI MES P'TITS J'CROIS QUE C'EST LA BONNE ! J'VAIS PAS TARDER À CLAPSER !!
BEN DIS DONC ! DEPUIS LE TEMPS QUE TU RÉPÈTES !
JE VOUS LÈGUE UNE HOLDING DE 84 SOCIÉTÉS, UNE ROLLS ROYCE SILVER SHADOW 1953...
ET UN CHAT CANIVEAU CROISÉ GOUTTIÈRE !
FAÎTES VOUS-MÊME LE PARTAGE !
SUPER !
GÉNIAL !
OUAAAIS !
BON ALLEZ ON S'CASSE !
HÉ ! HO !
... ÇA VA PAS LÀ ! QU'EST CE QUE VOUS VOULEZ QUE J'FASSE DE C'MITEUX !
CHAT CANIVEAU CROISÉ GOUTTIÈRE
ARRÊTE DE GÉMIR NABOT !
?!
TOI ET MOI ON PEUT FAIRE DE GRANDES CHOSES SI TU M'ÉCOUTES !
DÉCONNE...

D'ABORD, FAUT RECONNAÎTRE QUE T'AS PAS TELLEMENT LA GUEULE D'UN P.D.G !
ET ENCORE MOINS CELLE D'UN CHAUF-FEUR DE ROLLS !
NON !
TOI T'AS UNE TRONCHE À TIRER LE SAC À MAIN DES VIEILLES !
LE TRUC SIMPLE !...
T'ATTENDS QU'ELLES SORTENT DU BUREAU DE POSTE LE SAC BOURRÉ DE THUNES...
ET COUIC !
CLING
LES TUER ?
MEUH NOON... JUSTE LES INTIMIDER !
AAAH BON...
ALLEZ ! AU TURBIN !
PENDANT C'TEMPS J'VAIS M'TAPER UN P'TIT GORGEON !
ALORS... REPÉRER UN SAC, L'INTIMIDER ET TIRER LA VIEILLE... EUH... NON !
CHATEAU BITURE 1992.

ÇA Y EST ! ÇA Y EST ! JE L'AI !! J'AI CHOURRÉ UN SAC !!
J'L'AI TIRÉ VITE FAIT JUSTE QUAND LA VIEILLE ALLAIT RENTRER DANS LES PÉTÉTÉ !!
?!
T'ES CON TOI HEIN ? BIEN VRAI ?
TRÈS CON...
VOIS-TU...
IL FALLAIT LA COINCER QUAND ELLE SORTAIT AVEC LE FRIC !
PAS AVANT !
CONNARD !
TU VOIS LE BUREAU DE POSTE LÀ ?
VISE LA SUITE !
AAAH D'AACÔÔÔRD...
PAF
ARAGH !
OUILLE..
C'ÉTAIT POURTANT PAS COMPLIQUÉ !!

OUH PITAIN ! J'AI UN PLAN D'ENFER POUR TIRER ENCORE DU FLOUZE !!
ON VA KIDNAPPER UN MIOCHE !!
AH OUAIS !
MAIS ATTENTION HEIN ! PAS UN MOUFLET DE CHÔMEUR !! FAUT VOIR GRAND !!
C'EST UN TRAVAIL POUR MOI ÇA ! SÛR ! J'LE SENS BIEN !!
PIS MAINT'NANT J'SAIS COMMENT QU'ON FAIT !!
OUAIS BON ÇA VA ! L'ÉCOLE EST PAR LÀ !
PSSST ! PSSST !
?!
EST-CE QU'ILS SONT PARTIS ?
QUI ÇA ?
LES MORVEUX !
J'AI PIQUÉ UN CARTABLE DE RICHE !
QUEL ABRUU-TIIIIII ...
ALLEZ QUOI ! DONNE-M'EN UN ! MÊME QU'UN P'TIT BOUT COMME ÇA !

OH TU M'LACHES CINQ MINUTES ! JE RÉFLÉCHIS !
Bécassine c'est ma Cousine
QU'EST CE QUE C'EST QUE CES NIAISERIES ?
?!
LE MAITRE CHAT ARRIVA ENFIN DANS UN BEAU CHÂTEAU DONT LE MAÎTRE ÉTAIT UN OGRE, LE PLUS RICHE QU'ON AIT JAMAIS VU...
J'AI TROUVÉ !!
ON VA BRAQUER UNE BANQUE !
AH OUAIS ! J'EN CONNAIS UNE !
BEN ÇA TOMBE BIEN !
GROUILLE-TOI ELLE VA FERMER !
ZZZZ
FAUT QUE J'ME PLANQUE, VITE ! J'AI LES FLICS AU CUL !!
?!
FILE LE POGNON ET PLANQUE TOI VITE DANS C'TE POUBELLE !!
DITES DONC VOUS ! Z'AURIEZ PAS VU PASSER UN GUS GENRE BENET AVEC UNE VALISE PLEINE DE BIFTONS ?
DANS LA POUBELLE M'SIEUR L'AGENT !
SORS D'LÀ D'DANS P'TIT CON ! ALORS COMME ÇA ON VEUT ÉPATER LES COPAINS EN BRAQUANT UNE KERMESSE DE VIEILLES QUI JOUENT AU MONOPOLY !!
?!

La grenouille qui voulait se faire aussi con que la grosse vache.
UNE GRENOUILLE VIT UNE GROSSE VACHE QUI LUI SEMBLA BIEN TARÉE...
ELLE QUI N'ÉTAIT PAS TRÈS FUTÉE SE DIT...
WAOUH C'TE GUEULE ! GÉNIALE !
AVEC PEU DE CHOSE JE DOIS POUVOIR M'FAIRE LA MÊME !
LA GRENOUILLE SE DÉJANTE ET SE BÉTIFIE. POUR ÉGALER L'AUTRE EN FOLIE !
DIS-MOI ! J'Y SUIS LÀ ?
PAS DU TOUT !
ET LÀ ?
BWÉLÉLÉ T'EN ES LOIN !
M'Y VOICI DONC !
POINT DU TOUT !
PLAF
CRÉ DJÛÛ ! C'TAIT QUOQUÉ C'TE BESTIAU ?
J'ESPÈRE QU'L'A PAS FAIT DE P'TITS !
MEUH POUËT !
Le monde est plein de gens qui ne sont pas plus sages :
Tout fou furieux veut bâtir comme les grands seigneurs
Tout petit idiot a des ambassadeurs
Tout débile veut avoir ses pages.

Nelsouillon ou la petite Charentaise de laine
IL ÉTAIT UNE FOIS TROIS MATOUS : JEAN ALDEBERT, PAUL ANTHELME ET NELSOUILLON.
LES DEUX PREMIERS AVAIENT LA CLASSE ET LE DERNIER ÉTAIT UNE VRAIE LOQUE...
EH! ÉCOUTEZ ÇA !!
GRAND BAL CHEZ LULU SAMEDI SOIR. VIENDEZ NOMBREUX.
GÉNIAL ! VA Y AVOIR DE LA MINETTE !!
ÇA SÛR!
HÉ HO! ON SE CALME ! TU NE COMPTES TOUT DE MÊME PAS VENIR?
T'ES VRAIMENT TROP LA HONTE !
OUAIS... BON D'ACCORD J'SUIS UN PEU NAZE, MAIS J'PEUX QUAND-MÊME VOUS AIDER À VOUS PRÉPARER !!
HÉ MA! Y'A UN BAL CHEZ LULU SAMEDI SOIR ET NELSOUILLON COMPTE Y ALLER!
ÇA VA PAS NON? Y'A UNE TONNE DE BOIS À CASSER!

ET LE JOUR DU BAL ARRIVA...
AMUSEZ VOUS BIEN LES ENFANTS ! NE PICOLEZ PAS TROP !
ET TOI ASTIQUE EN SILENCE ! J'VAIS M'FAIRE UNE P'TITE SIESTE !!
COMMENCE À ME FOUTRE LES BOULES LA GROSSE...
ZOB !
HÉ MEC ! PAS LA PEINE DE TE METTRE DANS DES ÉTATS PAREILS ! J'PEUX T'AR-RANGER UN PLAN POUR LE BAL SI ÇA TE BRANCHE !!
MAIS ! QUI ES-TU ?
JE SUIS LA FÉE PACHIE !!
ZOB !
?!
LA POUBELLE ! ELLE A TRANS-FORMÉ LA POUBELLE EN CAROSSE...
AVEC DES DICAL-COMANIES EN PLUS ! GÉNIAL !!

TROUVE MOI DOUZE BOÎTES DE CASSOULET ET J'TE FAIS UN MOTEUR QUI PÈTE DES FLAMMES !!
ALORS LÀ ! ÇA TOMBE BIEN, ON A FAIT UN CASSE CHEZ SAUPIQUET LA SEMAINE DERNIÈRE !
BON ! ET MAINT'NANT TON LOOK !
ZOB !
VOUF
PAS MAL ! MAIS J'VAIS TOUT-DE-MÊME PAS DANSER LES ARPIONS À L'AIR ...
AMÈNE MOI DEUX BOÎTES DE CAMEMBERTS ET JE T'ARRANGE ÇA ...
ZOB !
WAOW ! SUPER LES TIAGS !
N'OUBLIE PAS ! TU DOIS ÊTRE RENTRÉ AVANT LE DOUZIÈME COUP DE MINUIT.
24 AOUT 1992 · LE MULOT ·
MAXIME GOUPIL 1er concert

C'EST MOI QUE JE SUIS BOOO
Kephren ROCK
C'EST LÀ!
LA CLAASSE...
WAOW CE MEC!
VISEZ LA CAISSE
D'OÙ IL SORT?
TU SAIS QUE TU M'PLAIS LULU!
MAIS QUI ES-TU BEAU BRUN?
EH! J'TE GÊNE PAS TROP?
BEN J'ALLAIS JUSTEMENT TE DEMANDER D'ALLER JOUER DANS TA LITIÈRE!!
DONG DONG DONG
MINUIT!
DONG DONG DONG
DONG! DONG!
VITE!
C'EST ÇA! CASSE TOI CONNARD!
DONG DONG DONG
VRAAM
FADA!
À MINUIT, TOUT REPRIT SON ASPECT D'ORIGINE ...
DONG!
BLONG
SBLING
SCHLAAPF
SAUF LE CASSOULET QUI N'ÉTAIT PLUS EN BOÎTE!

T'AS VU CE MEC COMMENT QU'IL A BRANCHÉ LA LULU!
OUAIIS... LA CLASSE!
Y'A QUELQU'UN?
JE CHERCHE LE PROPRIÉTAIRE DE CETTE BOITE DE CAMEMBERT!
MAIS...
SNIF! SNIF!
CE... CE SONT VOS PIEDS?
ÇA Y EST LULU! JE L'AI TROUVÉ! TON PRINCE EN CHARENTAISES!
PRINCE EN CHAREN-TAISES?
LUI?
MON PRINCE! ATTENDS MOI! TA LULU!!
Y'A ERREUR. J'VOUS JURE M'DAME! J'SUIS UN CHAT DE GOUTTIÈRE MITEUX!!
C'ÉTAIT POUR RIRE!

La Rombière et le pot au vin
ÉH! ÉH! AVEC CE TONNEAU DE PICRATE J'VAIS M'FAIRE UN MAX DE THUNES !
AVEC LE FRIC, J'INVESTIS DANS UNE DISTILLERIE ...
ENSUITE ...
PAF
GNAA!
WA HAHA!
EN PLEIN DANS L'MILLE !!
MERDE! J'ME SUIS TROMPÉ DE FABLE ! AÏE AÏE ...
FAUT QUE J'ARRANGE ÇA!!
Soudain, un gruyère tombé du ciel lui éclata le caberlot ;:
"En plein dans le mille !"
s'écria le corb
MAIS?
SNIF! SNIF!
MERCI POUR LE FROMETON MEC !
MAIS... T'AURAIS PAS UN PEU D'PINARD POUR ARRANGER LA SAUCE ?
ARRIVERA-T-ON À LA JOUER AU MOINS UNE FOIS COMME IL FAUT CELLE-LÀ ?
J'EN DOUTE !

Le gros lard et le plouc
UN GROS LARD ALLAIT DE COMPAGNIE AVEC SON AMI PLOUC QU'ÉTAIT PAS TRÈS FUTÉ ...
PITAIN C'TE BITURE HIC !
OULA LA !!
ON N'ARRIVERA JAMAIS À RENTRER CHEZ NOUS DANS C'T'ÉTAT !
BEN J'CROIS QUE J'AI UNE IDÉE !
J'VAIS MONTER SUR TON DOS ET TU VAS M'AMENER CHEZ MOI ...
J'SUIS P'T'ÊTRE BOURRÉ MAIS FAUT PAS M'PRENDRE POUR UN CON !
ATTENDS ! ATTENDS ! HIC ! UNE FOIS CHEZ MOI, ON CHANGERA, C'EST MOI QUI TE PORTERAI JUSQUE CHEZ TOI !
AAAH D'ACCORD !
ALORS, C'EST PAS UN BON PLAN ÇA ?
SÛR !
BON BEN VOILÀ, ON EST ARRIVÉ. J'TE RETIENS PAS PLUS LONGTEMPS !
?
HÉ ! HO ! C'ÉTAIT PAS PRÉVU, COMME ÇA !...
EH ! TU CROIS P'T'ÊTRE QUE J'VAIS TE TRIMBALER SUR MON DOS PAUV' TARTE !!
D'ABORD J'AI PAS D'BRETELLES !!
PIS TU PUES L'BOUC !
Y'A D'LA BAISE ...

le loup devenu brebis
OH OH OH ! TOUTES CES BREBIS DODUES ! ET LE BERGER QUI RONFLE COMME UN BIENHEUREUX !
L'AUBAINE !
AVEC CETTE PEAU D'BIQUE J'VAIS PASSER INCOGNITO !
BWÊÊÊÊ
QU'ENTENDS-JE ? UNE NOUVELLE !
J'VAIS LES ATTIRER DERRIÈRE CES ROCHERS ! J'POURRAI LES BOUFFER TRANQUILLE ...
BWÊÊÊÊ
BWÊÊÊÊ
COQUINE ...
BWÊÊÊ
?!
RÂÂÂ
QUEL MÉTIER TOUT-DE-MÊME !
DING

Peau d'âne
IL ÉTAIT UNE FOIS UN ROI, UNE REINE ET LEUR FILLE QUI ÉTAIENT GRANDS, QUI ÉTAIENT BEAUX...
... QUI SENTAIENT BON LE SABLE CHAUD...
ILS POSSÉDAIENT UN ÂNE QUI PONDAIT DES PIÈCES D'OR !
HHHNN
EN V'LÀ UNE AUTRE !
UN JOUR LA REINE MOURUT...
LÉON ! JURE-MOI DE NE TE REMARIER QU'AVEC UNE NANA PLUS BELLE QUE MOI !
CE SERA DUR GINETTE MAIS J'ESSAIERAI !
GARDES ! RATISSEZ LA CAMPAGNE ET AMENEZ-MOI ICI TOUTES LES GRELUCHES !
NOUS N'AVONS TROUVÉ QUE CES DEUX SIRE !
VIREZ-MOI ÇA TOUT DE SUITE AVANT QUE JE LES JETTE AUX LOUPS !!
Y'A QUE DES BOUDINS ICI ! À PART...
À PART MA FILLE BIEN-SÛR QUEL IDIOT !!
BONNE FÉE, IL FAUT M'AIDER ! JE NE VEUX PAS ÉPOUSER MON PÈRE !
FAIS-TOI GREFFER UN PIF AVEC UNE GROSSE VERRUE !
R'MARQUE C'EST P'T'ÊTRE PAS UN BON PLAN !

J'AI UNE MEILLEURE IDÉE ! TU TE FAIS UN MANTEAU AVEC LA PEAU DE L'ÂNE ET TU TE TIRES.
ADIEU PIÈCES D'OR MAIS TANT PIS !
LA JEUNE FILLE PARTIT SUR LES CHEMINS, SALE ET AINSI VÊTUE ...
ON L'APPELA PEAU D'ÂNE !
ELLE VIVAIT DE PETITS BOULOTS... GARDIENNE DE POULES, RAMASSEUSE DE BOUSES DE VACHES.
ENFIN... DES TRUCS OÙ FAUT S'ACCROCHER POUR GRIMPER L'ÉCHELLE SOCIALE.
OR UN JOUR...
HÉ HOO LA PEAU D'ÂNE ! T'FERAIS MIEUX D'FAIRE UN GÂTEAU POUR EUL PRINCE PLUTÔT QU'EUD MOISIR DANS TA GADOUE !
PARAÎT QU'Y CHERCHE FEMME...
ET TOUTES LES PRÉTENDANTES OFFRIRENT AU PRINCE UN GÂTEAU ...
BOUDJÛ ! C'QUE J'VAIS M'METTRE !
PFOUU... L'DERNIER MORCEAU... J'VAIS ÉCLATER MOI ...
AÏE !
SCROK !
UNE BAGUE ! IL Y AVAIT UNE BAGUE DANS LE GÂTEAU !!
TROUVEZ LA PROPRIÉTAIRE DE CETTE BAGUE VITE ! JE VEUX L'ÉPOUSER !

J'VIENS D'ÉCRIRE UN TRUC PAS MAL, INTITULÉ "PEAU D'ÂNE", MAIS J'AI UN PETIT PROBLÈME POUR LA FIN...
VAS-Y LIS !
"...LA JEUNE FILLE QUI AVAIT DÉPOSÉ LA BAGUE DANS LE GÂTEAU N'ÉTAIT AUTRE QUE PEAU D'ÂNE"
?
"LE PRINCE L'ÉPOUSA, ILS VÉCURENT HEUREUX ET EURENT BEAUCOUP D'ENFANTS !"
QU'EST-CE QUE C'EST QUE CE TORCHE-BALLE ?
?
ILS VÉCURENT HEUREUX ET EURENT BEAUCOUP D'ENFANTS ... TSSS
T'ES PLUS DANS L'COUP MON VIEUX POIVROT !
BON D'ACCORD ILS SE MARIENT... MAIS APRÈS LE MARIAGE ÇA S'COMPLIQUE...
TON PRINCE IL VEUT EN FAIRE UNE BONICHE DE TA PEAU D'ÂNE !!
ET ELLE ÇA NE LUI PLAÎT PAS DU TOUT !!
MAIS ALORS PAS DU TOUT !

ET ILS COMMENCENT À SE FOUTRE SUR LA GUEULE !!
ILS PEUVENT PLUS SE BLAIRER ! TU PIGES ?
MOUAIS ... ET ÇA S'TERMINE COMMENT ?
HÉ HO ! ÇA C'EST TON PROBLÈME !
VOILÀ ! J'Y SUIS ! ILS RETROUVENT L'ÂNE ET ILS SE FONT PLEIN D'FRIC !
TOUT S'ARRANGE !
MAIS IL EST MORT TON ÂNE ? OU ALORS IL EST COMPLÈTEMENT PELÉ ...
ET VU COMME IL DOIT S'CAILLER, ÇA M'ÉTONNERAIT QU'IL AIT ENVIE D'PONDRE DES PIÈCES D'OR !
BEN JUSTEMENT, ILS RETROUVENT L'ÂNE ...
MAIS CELUI-CI POND DES CHÈQUES EN BOIS ...
DEPUIS QU'IL EST À DÉCOUVERT !
TOOTY'S STORY

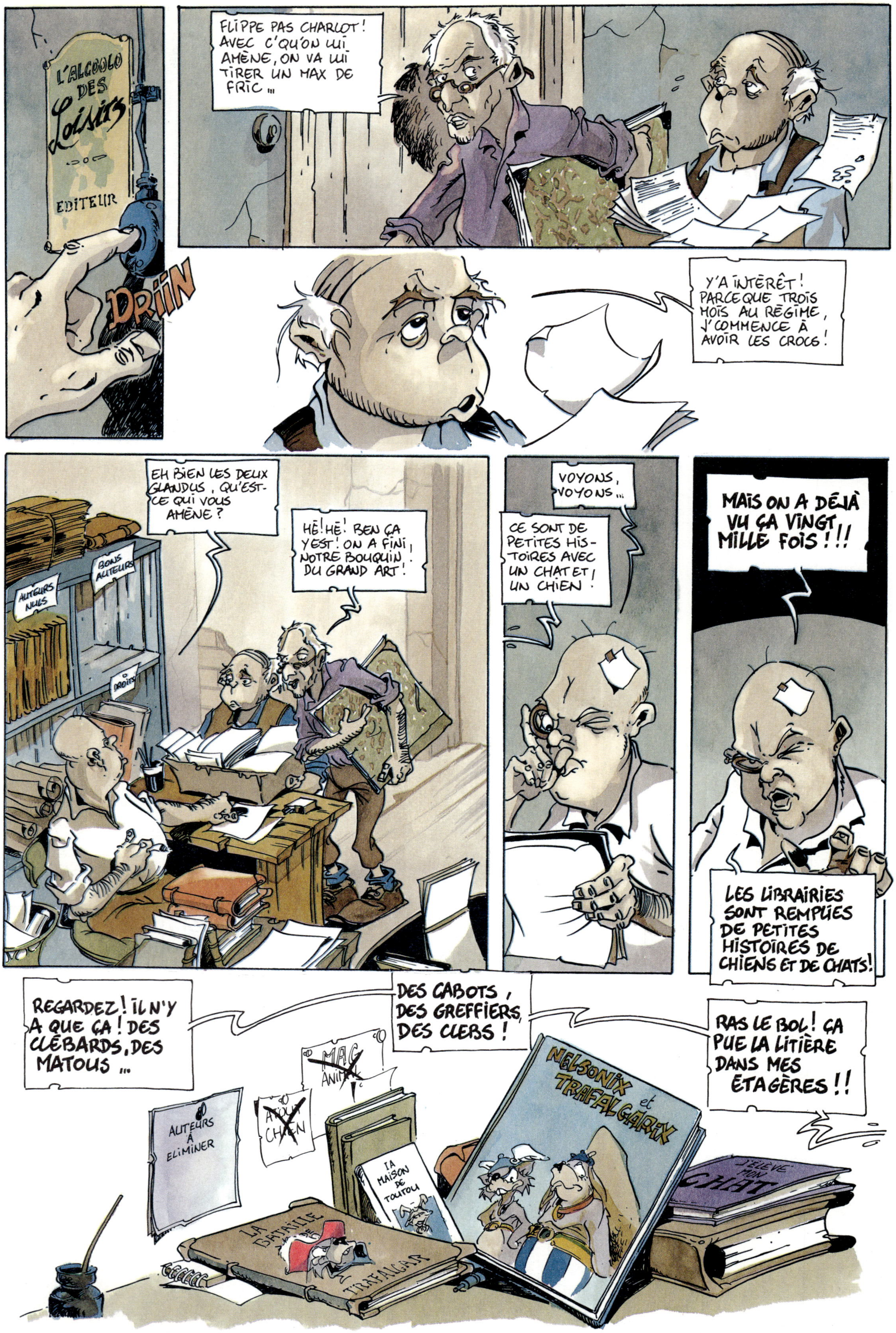
L'ALCOOLO DES Loisirs EDITEUR
DRIIN
FLIPPE PAS CHARLOT ! AVEC C'QU'ON LUI AMÈNE, ON VA LUI TIRER UN MAX DE FRIC ...
Y'A INTÉRÊT ! PARCEQUE TROIS MOIS AU RÉGIME, J'COMMENCE À AVOIR LES CROCS !
EH BIEN LES DEUX GLANDUS, QU'EST-CE QUI VOUS AMÈNE ?
HÉ ! HÉ ! BEN ÇA YEST ! ON A FINI NOTRE BOUQUIN ! DU GRAND ART !
AUTEURS NULS
BONS AUTEURS
DROITS
VOYONS, VOYONS ...
CE SONT DE PETITES HISTOIRES AVEC UN CHAT ET UN CHIEN !
MAIS ON A DÉJÀ VU ÇA VINGT MILLE FOIS !!!
LES LIBRAIRIES SONT REMPLIES DE PETITES HISTOIRES DE CHIENS ET DE CHATS !
REGARDEZ ! IL N'Y A QUE ÇA ! DES CLÉBARDS, DES MATOUS ...
DES CABOTS, DES GREFFIERS, DES CLEBS !
RAS LE BOL ! ÇA PUE LA LITIÈRE DANS MES ÉTAGÈRES !!
AUTEURS À ELIMINER
MAG ANI
CHIEN
NELSONIX et TRAFALGARIX
LA MAISON DE TOUTOU
J'ÉLÈVE MON CHAT
LA BATAILLE DE TRAFALGAR

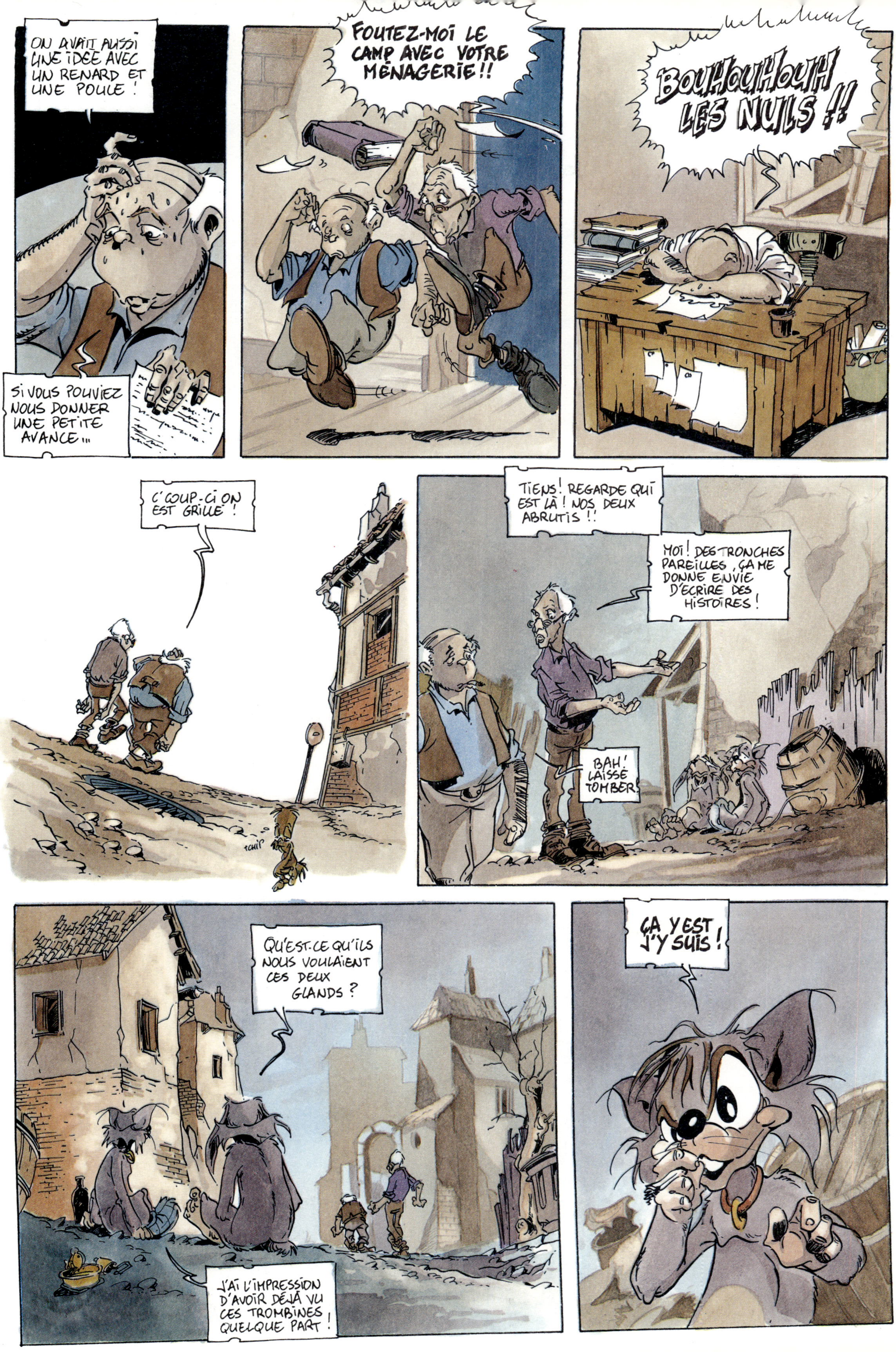
ON AVAIT AUSSI UNE IDÉE AVEC UN RENARD ET UNE POULE !
SI VOUS POUVIEZ NOUS DONNER UNE PETITE AVANCE...
FOUTEZ-MOI LE CAMP AVEC VOTRE MÉNAGERIE !!
BOUHOUHOUH LES NULS !!
C'COUP-CI ON EST GRILLÉ !
TCHIP
TIENS ! REGARDE QUI EST LÀ ! NOS DEUX ABRUTIS !!
MOI ! DES TRONCHES PAREILLES, ÇA ME DONNE ENVIE D'ÉCRIRE DES HISTOIRES !
BAH ! LAISSE TOMBER !
QU'EST-CE QU'ILS NOUS VOULAIENT CES DEUX GLANDS ?
J'AI L'IMPRESSION D'AVOIR DÉJÀ VU CES TROMBINES QUELQUE PART !
ÇA Y EST J'Y SUIS !

ENCORE QUELQUES PAS ET JE ME FARCIS LA TRONCHE DU GRAND CON À BOUT PORTANT !!
MOÏ J'MÉCRASE LE P'TIT GROS COMME UNE CROTTE !!
FINIS-LE DU PIED GAUCHE. ÇA RISQUE DE NOUS PORTER CHANCE...
EN... FIN !

PAS LA PEINE DE CHERCHER, REMUER, FOUILLER OU BÈCHER, DE NE LAISSER NULLE PLACE OÙ LA MAIN NE PASSE ET REPASSE ...
SALETÉ D'ALCOOLO!
BANG
PASSAGE DES EBOUEURS LUNDI : 8h JEUDI : 8h
papa
papa
papa
le vieux
papa
père